BIN TRAVERLER FORM

Cut By: Estephany #1 **Qty** 28 **Date** 11-30

Scanned By: ______ **Qty** ______ **Date** ______

Scanned Batch ID's

______ ______ ______

Notes / Exceptions

______

INDIEN

GLAUBE & RITUALE

INDIEN

GÖTTER UND KOSMOS
KARMA UND ERLEUCHTUNG
MEDITATION UND YOGA

RICHARD WATERSTONE

evergreen

EVERGREEN is an imprint of
TASCHEN GmbH

Hohenzollernring 53
D-50672 Köln

Originaltitel: India

Übersetzung aus dem
Englischen:
Susanne Ofner und
Markus Goeke

Umschlaggestaltung:
Catinka Keul, Köln

Printed in Singapore
ISBN 3-8228-1335-4

Inhalt

Einleitung

Indien ist die Heimat einer der ältesten Kulturen der Welt. Sanskrit ist vermutlich die älteste der nach wie vor gesprochenen Sprachen, und die *Weden*, die auf das 12. vorchristliche Jahrhundert zurückgehen, sind wahrscheinlich die ältesten Schriften, die auch heute noch verwendet werden. Das heutige Indien ist ein weltlicher Staat, in dem die Religion eine wichtige Rolle spielt. In diesem Buch werden die religiösen Traditionen von der frühwedischen Welt über den Buddhismus und Dschainismus bis hin zu den Gottheiten und Riten des Hinduismus vorgestellt. In Indien gibt es auch christliche Gemeinden und zahlreiche Naturreligionen. Im Norden faßte nach dem 12. Jahrhundert nach Christus der Islam Fuß, seinen Höhepunkt erreichte er unter den Moguln (1526–1707). In dieser Zeit entstand eine eigenständige moslemische Kultur in Indien. Dieses Buch behandelt vor allem die Hindutradition. Der Buddhismus und der Dschainismus werden als Entwicklungen innerhalb der hinduistischen Welt betrachtet.

Im 2. vorchristlichen Jahrtausend kamen mit den arischen Eroberern aus Zentralasien auch Glaubenslehren anderer indoeuropäischer Völker nach Indien. In der wedischen Religion spielen Opfer eine wichtige Rolle, ebenso die Vorstellung, daß das Universum immer wieder neu entsteht. Aus dieser Zeit stammt auch die Teilung der indischen Gesellschaft in die vier Hauptkasten der *Brahmanen* (Priester), *Kschatrijas* (Krieger), *Waischjas* (Händler) und *Schudras* (Knechte).

Im 6. Jahrhundert nach Christus entstanden aus der Kritik an der wedischen Lehre neue Sekten unter der Führung von Philosophen, deren Weltbild zufolge der Weg nach innen und die Überwindung

der fortlaufenden Wiedergeburt (*Mokscha*) eine wichtige Rolle spielen. Die bedeutendsten dieser Philosophen sind der spätere Buddha, Siddhartha Gautama, der durch innere Sammlung und Einsicht zur Erleuchtung gelangte, sowie Mahawira, der Gründer des Dschainismus.

In der Maurja-Zeit (3. Jhd. v. Chr. bis ca. 150 n. Chr.) gelangte der Buddhismus zur Blüte, doch mit dem Fall des Maurja-Reichs erlebte auch die Religion einen Niedergang. In der Gupta-Zeit (ca. 320–540 n. Chr.), der sogenannten klassischen Zeit, entstanden die heutigen Kunst-, Literatur- und Philosophieströmungen Indiens. Im 8. Jahrhundert hatte der Hinduismus in Südindien den Buddhismus weitgehend verdrängt. Im Westen gab es bedeutende christliche und jüdische Gemeinschaften, während durch indische Händler hinduistische und buddhistische Vorstellungen in Südostasien Eingang fanden. Heute ist der Hinduismus vor allem in Sri Lanka sowie Teilen Malaysias und Indonesiens verbreitet.

Die einzelnen Plakatschichten zeigen eine vielfältige Bilderwelt aus religiösen und weltlichen Elementen; sie bildet auch heute noch oft den Hintergrund des täglichen Lebens.

Den Buddhisten, Hindus und Dschainisten ist Indien heilig. In diesem Land mit angeblich über 330 Millionen Göttern und Göttinnen können auch Menschen göttliche Züge bekommen. Die Vielzahl der Gottheiten ist auch ein Zeichen der Toleranz. Vielleicht liegt genau darin der Grund dafür, daß Andersdenkende nicht als Glaubensfeinde gelten. Es zählt vielmehr das Bemühen jedes Menschen, Wissen zu erlangen und das Göttliche zu suchen. Die indische Philosophie ist von der Vorstellung geprägt, daß die Welt voller Leid und Täuschung ist, dahinter liegt die namenlose Wirklichkeit der transzendenten Gottheit. In Verbindung mit der Lehre der *Weden* trägt diese Haltung zur Einigkeit der verschiedenen Sekten in der hinduistischen Welt bei.

Das alte Indien

Schon 2500 v. Chr. gab es im Industal eine gesellschaftlich und politisch hochentwickelte Kultur und eine Vielzahl an Gottheiten. Historische Funde aus dieser Kultur fand man auch im viel weiter südlich gelegenen Bombay, die mächtigen Zentren dieser Zivilisation lagen jedoch in den Städten Harappa und Mohendscho-Daro im heutigen Pakistan.

Als 1000 Jahre später die Arier von Zentralasien aus in den Subkontinent einfielen, stießen sie kaum auf Widerstand dieser im Niedergang begriffenen Zivilisation. Der Vormarsch der Arier in Nordindien gründete nicht nur auf militärischer, sondern auch religiöser und kultureller Überlegenheit. Im Mittelpunkt ihrer Rituale standen Opfer auf der Grundlage der heiligen Schriften der *Weden*: einer der wichtigsten Götter der Arier war Agni, der Gott des Feuers und des Hauses. Andere bedeutende Gottheiten wie Waruna und Indra waren Kriegsgötter, deren Größe nach Meinung der Arier die chaotische Finsternis der vorarischen Dämonenreiche durchdrang und mit dem Licht wedischer Rechtschaffenheit und Wahrheit erfüllte.

Streitwagen (hier in Form eines Tempels aus dem 15. Jahrhundert in Hampi, Karnataka) verhalfen den arischen Kriegern im 2. vorchristlichen Jahrtausend zu erstaunlichen militärischen Erfolgen. Ihre Herrschaft über Nordindien war militärisch und kulturell bedeutend, das wichtigste Erbe sind die Weden*, deren Verse, philosophische Schriften und Hymnen zu den ältesten heiligen Schriften der Welt gehörten.*

Die Kultur des Industals

Rätselhafte Motive auf einem Keramikdeckel aus einer Fundstätte im Industal.

Mitte des 3. vorchristlichen Jahrtausends entstand um die Städte Harappa und Mohendscho-Daro die erste bedeutende Zivilisation. Die beiden 640 Kilometer voneinander entfernten Städte liegen am Indusstrom im heutigen Pakistan. Das damals wasserreiche Gebiet ist heute ausgetrocknet. Die städtische Induskultur entwickelte sich in etwa zeitgleich mit der mesopotamischen und ägyptischen Kultur, doch trotz zahlreicher archäologischer Funde gibt es keine schriftlichen Zeugnisse über die damalige Lebensweise.

Die regelmäßige Anordnung der Straßen und die ähnlichen Grundformen der Häuser, Brunnen und Kanäle sind in den Augen vieler Wissenschaftler ein deutlicher Hinweis darauf, daß die beiden Städte von ähnlichen Kulturen erbaut wurden. An 70 verschiedenen Orten in Pakistan sowie Gujarat und Rajasthan stieß man bei Grabungen auf Fundgegenstände aus der Industal-Kultur. Diese Kultur umfaßte also ein deutlich größeres Gebiet als das heutige Pakistan, was auf ein ausgedehntes Reich oder einen Staatenbund hindeutet. Es gibt auch Hinweise auf Handelsbeziehungen mit Mesopotamien.

Der britische Archäologe Sir Mortimer Wheeler entdeckte die Fundstellen Anfang der fünfziger Jahre; er hielt sie für einen Teil des größten „politischen Experiments vor dem Römerreich", eine bronzezeitliche Stadtkultur mit einem hierarchischen Regierungs- und Gesellschaftssystem. Die Errungenschaften etwa im Bereich der Kanalisation sind denen der Römer durchaus ebenbürtig. Das Bad von Mohendscho-Daro ist 83 m² groß, das Schiffsdock von Lothal ist ähnlich beeindruckend.

Es gab offenbar heilige Tiere, etwa Kühe, Stiere und Schlangen. Wahrscheinlich verehrten die frühen Siedler im Industal eine Göttin sowie einen männlichen Fruchtbarkeitsgott; in ihren Ritualen spielten Tieropfer eine wesentliche Rolle. Unter den zahlreichen Funden in dieser Region sind viele Einflüsse der ursprünglichen Kultur zu erkennen, vor allem *Lingas* und Siegel mit Abbildungen von Gottheiten in Yogastellung. Der Niedergang dieser Kultur ist ungeklärt. Als die Arier nach 1500 v. Chr. Nordindien eroberten (S. 12–13), lagen Harappa und Mohendscho-Daro schon in Trümmern.

Büste eines bärtigen Mannes in einem dunklen Gewand, vermutlich eines Priesters, entdeckt bei Ausgrabungen in Mohendscho-Daro, der größten Stadt der Kultur des Industals.

PRÄHISTORISCHE YOGAPRAKTIKEN

Yoga ist eines der bekanntesten Elemente der indischen Philosophie und Religion (S. 82–91). Zum Teil gründen die Yogadisziplinen möglicherweise auf schamanistischen Praktiken, etwa bewußtem Atmen und dem Einsatz von Rhythmus, Klang, Drogen und Tanz zum Erzielen inneren Feuers bis hin zur Ekstase und Trance. Zu den bekanntesten Bildern des Hinduismus gehört die Figur des meditierenden Yogi im Lotossitz.

Die Siegelfunde aus dem Industal weisen darauf hin, daß manche Yogaformen mehr als 4000 Jahre alt sind (s. unten). Da es keine Schriftquellen gibt, läßt sich das jedoch nicht sicher nachweisen. Schamanistische Elemente wie bestimmte Tiere als Seelenführer, z. B. Wiesel, Adler oder Wale, übernatürliche Kräfte und die Fähigkeit, durch Willenskraft kommen und gehen zu können, Geister zu beschwören und extreme Hitze und Kälte zu ertragen, sind in Indien die Grundlage des heutigen Yoga.

Sechs Siegel aus dem Industal enthalten Darstellungen von Gestalten in Yogastellungen. Die Schriftzeichen konnten bislang nicht entziffert werden. Das Bild oben zeigt eine dreigesichtige sitzende Gottheit, rund um sie sieht man einen Tiger, ein Rhinozeros, einen Elefanten und einen Wasserbüffel sowie im Vordergrund eine Gazelle. Der Gott trägt einen Kopfschmuck aus drei Hörnern, und sein Phallus ist sichtbar. Diese Gestalt wird oft mit der späteren Hindugottheit Schiwa in Verbindung gebracht.

Die Arier

Der Einfall der Arier Mitte des 2. Jahrtausends vor Christus bedeutete einen kulturellen Umbruch in Indien. Als die Arier in ihren Streitwagen ostwärts zogen, stießen sie nur auf vereinzelte Siedlungen von Jägern und Bauern, denn die einst mächtigen Städte des Industals lagen in Trümmern (S. 10–11). Die Arier waren militärisch überlegen und vertrauten zudem auf den Schutz zahlreicher Gottheiten. Ihre energische, militärische Stärke inspirierte die Poeten und „Seher" beim Verfassen der *Weden* (S. 16–17), der heiligen Schriften, die in der tausendjährigen Vorherrschaft der Arier entstanden. Die Sprache der *Weden*, Sanskrit, ist eine der ältesten uns bekannten indoeuropäischen Sprachen und wird heute noch bei vielen Ritualen verwendet.

Die genaue Herkunft der Arier ist nicht bekannt, auch über ihre tausendjährige Herrschaft in Indien weiß man nur wenig. Als mögliche Gründe für

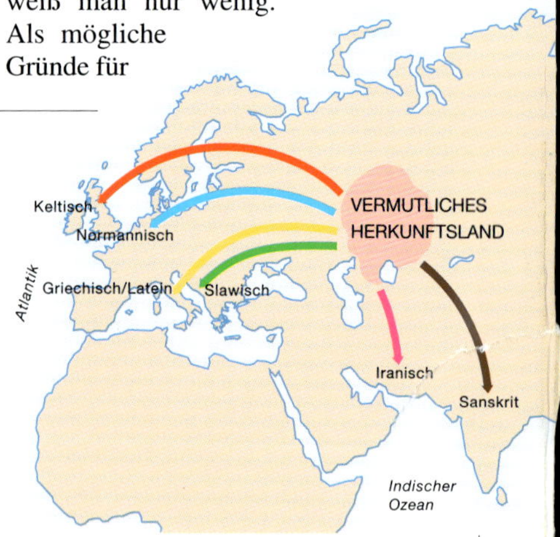

DER STREITWAGEN

Der von zwei Pferden gezogene Streitwagen verhalf den einfallenden Ariern zu kriegerischem Erfolg, sie überrollten damit ihre Gegner, die durchwegs schlechter bewaffnet waren. Das Rad wurde zwar erstmals um 3200 v. Chr. in Sumer verwendet, doch die Streitwagen waren anfangs schwerfällige Gefährte auf massiven Holzrädern, die sich um eine gemeinsame feste Achse drehten. Im Krieg waren sie nur eingeschränkt hilfreich. Ab etwa 2000 v. Chr. kamen leichtere Räder mit Speichen und Drehachsen auf. Spannte man zwei schnelle Pferde vor einen solchen Wagen, besaß man eine völlig neue, unübertreffliche Waffe. Der Mythologe Joseph Campbell meint, der Streitwagen hätte die Welt der Bronzezeit in triumphierende Sieger und leidvolle Verlierer geteilt.

Abbildung eines Streitwagens in einem Manuskript aus dem 17. Jahrhundert.

DIE VERBREITUNG DER INDOEUROPÄISCHEN SPRACHEN

Viele nordindische und europäische Sprachen wurden ab dem 2. Jahrtausend durch die Wanderungswellen der Arier verbreitet (s. oben). Die Theorien über die ursprüngliche Heimat der Arier basieren auf sprachwissenschaftlichen Untersuchungen. Die Sprachen Süd- und Mittelindiens sind dravidischen und austroasiatischen Ursprungs ohne Bezug zu den Ariern.

ihre Wanderung vom Weideland zwischen dem Kaspischen Meer und dem Aralsee ostwärts gelten Überbevölkerung oder Vertreibung durch andere Hirtenvölker auf der Suche nach ausreichenden Weidegründen.

Die Vorfahren der nomadischen Arier hatten wahrscheinlich jahrtausendelang als Jäger und Hirten in den eurasischen Ebenen gelebt. Sie kannten weder Eisen noch Steinbauten, so daß nur Tonscherben als spärliches Zeugnis für ihre Lebensweise und ihren Aufenthalt in Indien erhalten geblieben sind.

Während der Arierherrschaft in Indien entstanden zwar die *Weden,* und diese Epoche ist als wedische Periode bekannt, doch deren Texte geben nur unzulänglich Aufschluß über die arischen Gemeinden. Der Pantheon ihrer zahlreichen Götter in den Streitwagen, die mit der Sonne im Rücken die Mächte der Finsternis bekämpfen, zeugt jedoch eindeutig von einer äußerst kriegerischen, ursprünglich nomadischen Kultur, die vermutlich aus einem Hirten- und Jägervolk hervorging.

Die Hauptgottheiten sind vor allem Sonnen- und seltener Mondgötter, die Mythologie ist alles andere als fatalistisch, sie verspricht Freiheit und Sieg des Menschen.

Hakenkreuze (Swastikas) als positives Symbol in der buddhistischen Kunst des Himalaya und als Schreckenssymbol des Nationalsozialismus.

DIE ARISCHE KULTUR UND DIE NAZIS

Das Wort „arisch“ und das Sonnenzeichen des Hakenkreuzes (Swastika) verbreiteten im 20. Jahrhundert Angst und Schrecken. Im 19. Jahrhundert wuchs das Interesse an vorchristlichen Kulturen, in den dreißiger Jahren folgten Nationalsozialismus und Rassismus, im Zuge dessen Hitler die „arische Herrenrasse“ als überlegen hinstellte. Die nordischen Kulturen haben ebenso indoeuropäische Wurzeln wie die wedische Kultur in Indien. Seit dem 19. Jahrhundert weiß man, daß Deutsch und Sanskrit zur selben Sprachfamilie gehören. Die Nazis beriefen sich vor allem auf Gottheiten der nordischen Mythologie, die mit den wedischen Göttern entfernt verwandt sind. Die Nazis übernahmen auch das Hakenkreuz als Symbol, das eigentlich für den siegreichen arischen Sonnengott stand. Das Wort *Swastika* (Hakenkreuz) stammt aus dem Sanskrit und bedeutet Glück oder Wohlbefinden.

Kriegsgötter

Die arischen Götter gelten meist als kriegerisch, sie stehen für das Licht der Wahrheit im Kampf gegen die Mächte der Finsternis. In den Versen des *Rigweda* wird Sawitri gepriesen, die Gottheit der Tat, die den goldenen Wagen fährt, der von zwei hellen Rossen gezogen wird, Krankheiten bannt und die Sonne auf ihrem Siegespfad lenkt. Es gibt auch andere Einflüsse neben der arischen Mythologie, bei den wedischen Göttern sind westasiatische Einflüsse ebenso zu erkennen wie Traditionen ihrer ursprünglichen Heimat.

Die ersten Arier im Industal verehrten den Gott Waruna, der Name stammt vermutlich vom Sanskrit-Wort *wri* ab und bedeutet „bedecken“. Waruna ist vor allem als Herrscher über das Universum bekannt. Er hält die kosmische Ordnung (*Rita*) aufrecht, wobei es viele Parallelen zu anderen Religionen gibt: das sumerische *Me* oder das ägyptische *Maat* bedeuten Gerechtigkeit, Wahrheit und Harmonie. Wie der biblische Jahwe oder die sumerische Gottheit Anu war auch Waruna ein gefürchteter, zürnender Gott. Den Menschen, die ihn verehrten, zeigte er sich jedoch gnädig.

Waruna war die wichtigste moralische Instanz der frühen Arierzeit. Das kosmische Gesetz galt sowohl über als auch unterhalb der Menschenwelt. Wie die Planeten auf ihrem Himmelspfad einen bestimmten Weg durchlaufen, so gab es in der Sicht der Arier auch einen „rechten“ Pfad auf dem Weg der Moral. Die Vorstellung von *Rita* findet sich auch in der sumerischen Mathematik und Astronomie. Auch vorarische Völker wie die Drawiden könnten die wedische Religion beeinflußt haben.

Dieser Stich aus dem 19. Jahrhundert zeigt Indra, der mit Schwertern bewaffnet seinen Elefanten Airawata reitet.

Über Waruna stand offenbar Indra, der König der wedischen Götter. Indra war nicht so sehr Herrscher als vielmehr ein Held. Waruna war ein launischer Rachegott, Indra dagegen verläßlich und stark. Seine größte Tat war der Sieg über Writra, das Symbol für Chaos, Unwissenheit und Finsternis. Indra war den kriegerischen Ariern am ehesten zugänglich; die Reste der städtischen Induskultur waren ihnen insgesamt aber sehr fremd.

*Im Tempel in Bhubaneshwar in Ostindien aus dem 11. Jahrhundert steht Waruna auf dem Seeungeheuer (*Makara*), er beherrscht somit die kosmischen Wasser.*

Der Kampf zwischen Indra und den späteren Göttern des Hinduismus (hier in Gestalt von Krischna), dargestellt auf einer Miniaturmalerei aus dem 16. Jahrhundert. Indra reitet seinen Elefanten; Krischna ist wie üblich von blauer Hautfarbe, er reitet auf dem magischen Adler Garuda durch die Wolken. Ganz oben im Bild sitzen der vierköpfige Brahma und der asketische Schiwa.

INDRA UND WRITRA

Der wohl bekannteste Mythos des *Rigweda* berichtet davon, wie Indra den Riesendämon Writra schlägt. Der Name Writra kommt vermutlich von *ver*, „die Wahrheit sagen". In manchen Kommentaren wird Writra als Symbol für die ältere, zyklische kosmische Ordnung unter der Herrschaft Warunas gedeutet. Der furchterregende Indra erhöht seine Macht, indem er ein Gefäß mit dem berauschenden Trank *Soma* zu sich nimmt. Er schleudert den Donner gegen Writra, befreit die Wasser und bringt die Sonne auf ihren Pfad zurück. Indra, der größte Kriegsgott samt seiner Macht durch den *Soma*-Trank, wird oft mit Wörtern, die Macht und Kraft bedeuteten, beschrieben.

Doch die vorarische Kultur ließ sich nicht einfach auslöschen. Die großartigen hinduistischen Schriften, die 1000 Jahre später entstanden, wurden neben dem arischen auch stark vom drawidischen Glauben beeinflußt. Wie viele andere Invasoren gliederten sich auch die Arier allmählich in die Gesellschaft ein. Die Hindus bezeichnen zwar die *Weden* (S. 16–17) als Quelle ihrer Religion, es fanden aber auch vorarische Elemente wie Yoga Eingang in den Hinduismus.

In der *Mahabharata* (S. 56–57) ist Writra kein Dämon, sondern ein *Brahmane*, dessen Macht in der Askese begründet ist. Indra ist ihm unterlegen. Schiwa sagt ihm, daß er Writra nur durch noch größere Askese schlagen kann – dieser Bericht unterscheidet sich deutlich von den Heldenmythen der Arier.

Die Weden

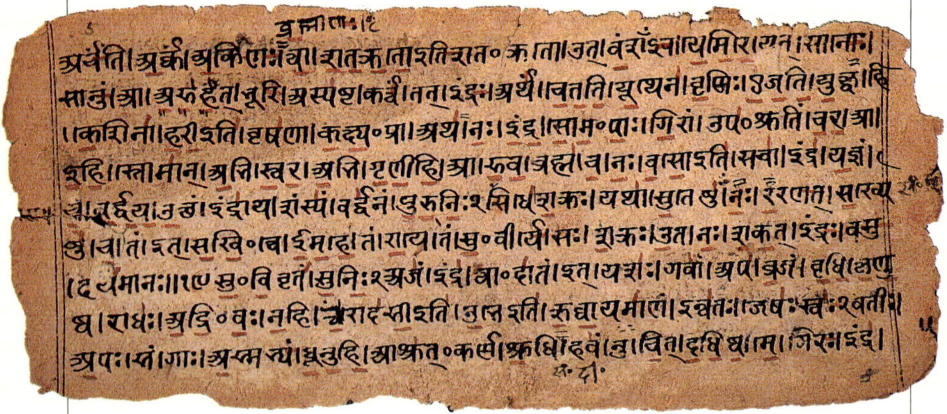

Rigweda-*Manuskript aus dem 18. Jahrhundert. Der* Rigweda *(„Weisheit der Verse“) ist der älteste und verheißungsvollste der vier* Weden.

Trotz ihrer kriegerischen Stärke war die größte Leistung der Arier eigentlich das Verfassen der *Weden*, der Bücher des Wissens. Diese Sammlung aus Hymnen und mystischen Lauten (*Mantras*, S. 98–99) wurde bei Opferritualen an die Götter des arischen Pantheons herangezogen. Die *Weden* , obwohl durch spätere Lehren verfälscht, sind auch heute noch ein wichtiger Teil des hinduistischen Lebens.

Der erste der vier *Weden* ist der *Rigweda* (ca. 1200 v. Chr.), gefolgt vom *Samaweda*, dem *Jadschurweda* und dem *Atharwaweda*, der vermutlich viel später entstand. Jeder *Weda* besteht aus den Teilen *Samhita* (Hymnen oder *Mantras*) und *Brahmana* (Kommentar). Die *Weden* wurden für drei Arten von *Brahmanen*-Priestern geschrieben: für *Hotris*, die das Opferritual leiteten und die *Mantras* des *Rigweda* rezitierten, *Udgatris*, die die Gesänge des *Samaweda* sangen, *Adhvarju*, die die Opfer darbrachten und *Jadschurweda*-Gesänge anstimmten, sowie *Brahmanen*-Aufseher, die den *Atharwaweda* sangen. Nur *Brahmanen* hatten Zugang zu den *Weden*.

Interessanterweise wurden die *Weden* nur mündlich überliefert. Dem Hindu-Glauben zufolge sind nicht nur die Worte, sondern auch ihre Laute selbst heilig. So werden die *Weden* bis heute von den *Brahmanen* von einer Generation zur nächsten mündlich weitergegeben.

Brahmanen-Nachnamen wie Trivedi und Chaturvedi deuten auf priesterliche Vorfahren hin. Es heißt, daß die *Weden* offenbart oder „gehört“ (*Schrutri*) und nicht von Menschen geschrieben wurden, und daß die Macht der Götter in diesen offenbarten Worten liegt. Sie enthalten heilige Silben, aus denen Götter und Sterbliche geboren wurden, daher waren die *Weden* schon vor dem Universum vorhanden, das aus der heiligsten aller Silben, der Silbe *Om* entstand (S. 108–109).

DER RIGWEDA

Der *Rigweda* („Weisheit der Verse") ist bezeichnenderweise polytheistisch und enthält 1028 Hymnen für 33 verschiedene Götter, vor allem aber für Indra, Agni und Soma (S. 18–19). Die 10 589 *Rigweda*-Verse sind in zehn *Mandalas* (Bücher) unterteilt, das zweite bis siebte Buch bilden das Kernstück, die anderen kamen vermutlich später hinzu. Der traditionelle Glaube, daß jedes Buch von Sehern (*Rischis*) derselben Familie stammt, hängt mit der Einheit von Metrik, Struktur und poetischem Stil der *Mandalas* zusammen. Die Bücher sind nach der Zahl der enthaltenen Verse geordnet. Das Hauptritual ist das Opfer der *Brahmanen*-Priester.

DER SAMAWEDA

Der *Samaweda* („Weisheit der Lieder") ist vor allem aufgrund der komplexen Metrik und weniger wegen des literarischen Gehalts bekannt. Im wedischen Indien durchläuft das Opfer ein sehr kompliziertes Ritual, so daß die Aufgaben der immer größeren Priesterschaft genau festgelegt werden müssen. Die *Samans* (Lieder) des *Samaweda* stammen hauptsächlich aus dem achten und neunten Buch des *Rigweda*, das für die *Udgatri*-Priester beim *Soma*-Opfer bestimmt ist (S. 18). Der *Samaweda* enthält vor allem Gesänge und nicht *Mantras*; es gibt genaue Anweisungen, wie die Verse zu singen sind.

DER JADSCHURWEDA

Jadschurs sind heilige Formeln, Anrufungen und magische Sprüche der *Adhvarju*-Priester, die die heiligen Opferriten ausführen. *Jadschurweda* bedeutet „Weisheit des Opfers". Man findet darin einige Gesänge an die Götter, vor allem geht es aber um den Ablauf des Rituals, etwa Anrufungen der heiligen Opfergegenstände, die Teile des *Brahman*, der hindustischen Vorstellung der Gottheit, darstellen.

DER ATHARWAWEDA

Der Name („Weisheit der Atharwa-Priester") kommt von einer der *Brahmanen*-Familien, auf die die *Weden* zurückgehen. Wie beim *Rigweda* handelt es sich um eine Hymnensammlung, da jedoch kein Zusammenhang mit Opferritualen besteht, wird eine deutlich spätere Entstehungszeit dieses *Weda* angenommen. Er enthält vor allem Zauberformeln, durch die man Liebesglück, aber auch weltlichen Erfolg herbeirufen kann.

DAS PFERDEOPFER

Das ausgefeilteste wedische Ritual war das Pferdeopfer. Von der Auswahl des Opfertiers bis zur Schlachtung verging ein Jahr. Die Opferung wurde vom König angeordnet. Das Jahr davor mußten der König und auch der Hengst zölibatär verbringen. Das Pferd konnte sich frei bewegen und wurde von königlichen Dienern begleitet. Überschritt es die Grenze des Königreichs, konnte der benachbarte Herrscher Krieg erklären oder die Vormachtstellung des anderen Königs anerkennen. Am vorbestimmten Tag wurde der Hengst in die Stadt gebracht und einer Stute zugeführt. Wenn der Hengst vor Freude wieherte, mußte er erstickt werden.

Dieses Pferdebild aus dem 17. Jahrhundert schmückt den Tempelturm eines Schreins des Gottes Ayyappan in Tamil Nadu. Pferde standen für arische Macht, sie zogen die Streitwagen, mit denen Indien erobert wurde.

Götter und Opfer

Opfer standen im Zentrum der wedischen Tradition, sie waren das heilige Medium zum Anrufen und Besänftigen der Götter. Das Opfer symbolisierte die Erschaffung der Welt, der Opferpriester hatte die Rolle des ersten Menschen inne, der sich selbst opfert, damit der Kosmos entstehen kann.

Alle Rituale wurden von *Brahmanen*-Priestern vollführt, für die *Soma*-Zeremonie brauchte man zum Beispiel 17 Priester. Genaue Anleitungen für den Ablauf finden sich in den *Brahmanas*, einer Reihe längerer prosaischer Kommentare im Anschluß an die einzelnen *Weden*.

Die Opferstelle mußte zuerst von den *Brahmanen* geweiht werden, der Haushalt, der für das Opfer aufkommt, mußte rituell abgetrennt werden. Der Altar symbolisierte Erde und Wasser, die Grundelemente der Welterschaffung.

Die geheiligte Opferzone symbolisierte einen Ort der Reinheit in einer, wie die *Brahmanen*-Priester glaubten, unreinen Welt. In den späteren *Brahmanas* wurde das Töten von Opfertieren zunehmend abgelehnt. Die Tiere wurden außerhalb der Opferzone erstickt, später verwendete man an ihrer Stelle symbolische Opfergegenstände.

SOMA

Der Gott Soma steht für Flüssigkeit, Kühle und den Mond. Er ist der „Trank der Unsterblichkeit", das Opfermahl der Götter. Soma ist die Personifizierung einer halluzinogenen Pflanze, deren Zubereitung im Mittelpunkt des wedischen Opfers steht.

Es ist unklar, der Saft welcher konkreten Pflanze dabei ausgepreßt und während des Rituals getrunken wurde. Es könnte sich um *Amanita muscaria* handeln, den Fliegenpilz. Die bekannteste Eigenschaft des Göttterelixiers *Soma* ist das Herbeiführen von Euphorie und Ekstase.

Soma war vermutlich rot, wie auch der Fliegenpilz. Wahrscheinlich wurde der Saft nach dem Auspressen abgefüllt und später getrunken. Im *Rigweda* wird *Soma* oft als *Madhu* (Honig) und *Pavamana* (eine bräunlichgelbe Flüssigkeit) bezeichnet, vielleicht als Hinweis auf die dunkelgelbe Farbe des Pilzsafts nach dem Pressen.

Die sibirischen Schamanen verwendeten den Fliegenpilz jahrtausendelang zum Herbeiführen ekstatischer Zustände. Der Pilz kommt in Sibirien und Afghanistan und somit auch in der Urheimat der Arier häufig vor. Im Industal und im nordindischen Flachland war er selten; die Arier hatten weniger Fliegenpilze zur Verfügung. Als Reaktion darauf wurde das *Soma*-Ritual immer ausgefeilter. Statt des Pilzes verwendete man vermutlich einen anderen Trank, und später gelangte man vielleicht schon durch das Ritual mit seinen magischen Formen und heiligen Silben zu der Ekstase, die in den *Weden* beschrieben ist.

Der halluzinogene Fliegenpilz, Amanita muscaria.

RUDRA

Eine der interessantesten wedischen Gottheiten ist der Sturmgott Rudra mit dem Donner als zerstörerischer Waffe. Er ist der zornigste der arischen Götter. Er wohnt in der Wildnis und ist schmutzig, sein Haar ist verfilzt, der Bauch schwarz und der Rücken rot. Er gerät grundlos in schrecklichen Zorn, zum Unterschied zu Indra und Waruna kämpft er nicht an der Seite der Götter. Opfergaben für Rudra werden nicht verbrannt, sondern als Klumpen auf die Erde geworfen. Rudra gilt als Prototyp Schiwas (S. 74–75), dem Gott des Yoga und der Zerstörung, er wird in den *Weden* oft mit dem Wort *schiwa* (günstig gestimmt) bezeichnet.

Der Feuergott Agni reitet auf einer Ziege. Miniaturmalerei aus einem Aquarellbuch des 18. Jahrhunderts, hergestellt für europäische Besucher.

AGNI

Über 200 Hymnen des *Rigweda* sind dem Feuergott Agni gewidmet. Er steht für die Kraft des Lichts und wird oft mit dem Sonnengott Indra in Verbindung gebracht (S. 15). Wie der Götterkönig ist er im Kampf unbesiegbar und verbrennt seine Widersacher zu Asche. Er ist der Gott der Einäscherungsstätte und des Waldbrands, von ihm kommt das „Feuer“ (*Tapas*), das durch die Yoga-Askese entsteht.

Agnis Geburt wurde wiederholt beschrieben. Seine irdischen Eltern sind zwei Stöcke zum Feuermachen. Agni altert nicht, da das Feuer täglich entfacht wird. In der Menschenwelt erscheint diese Gottheit als Blitz am Himmel, als das Feuer im Magen, das die Nahrung „erhitzt“ oder verdaut, und auch als das Herdfeuer im Mittelpunkt des Heims.

Am bedeutendsten ist er als Feuer des Opferaltars. Er verbrennt die Dämonen, die das Opfer zerstören wollen und ruft die himmlischen Götter zur Teilnahme am Opfer. Dann überbringt er ihnen die Opfergaben zum Mahl. Daher wird er oft auf einer Ziege, dem Opfertier dargestellt, oder er trägt einen Ziegenkopf mit Flammen dahinter.

Weil Agni das Opfer verkörpert, gilt er als Mittler zwischen den Göttern und den Menschen, als göttlicher Priester, der das irdische Leben und den Himmel kennt.

Die Muttergöttin

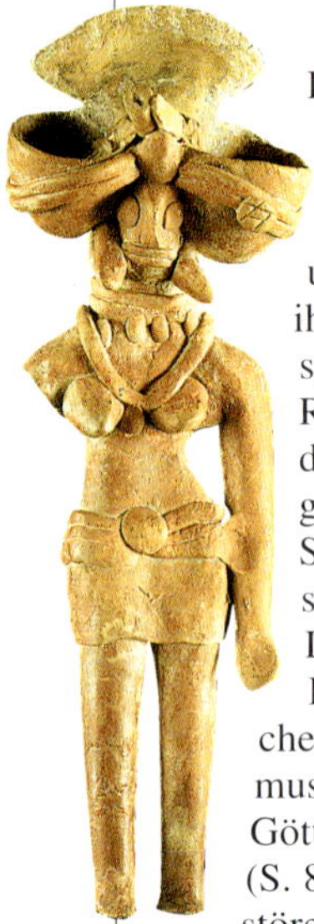

Die indische Muttergöttin ist eine sehr alte Gestalt; im Lauf der Zeit erhielt sie viele Gestalten. Sie gibt und zerstört wieder. Aus ihrem breithüftigen, lebensspendenden Schoß fließt der Reichtum des Urwalds. Sie ist dunkelhäutig und hat eine lange, rote Zunge. Sie ist mit Schädeln behangen, die ihren sterblichen Nachkommen das Leben wieder nehmen. Ihr Bild überdauerte die zahlreichen Inkarnationen des Hinduismus: heute sieht man sie in den Göttinnen Durga und Kali (S. 80–81), den energischen Zerstörerinnen des Unwissens und der Täuschung, aber auch im Bild Parvatis, der freundlichen Gefährtin Schiwas (S. 74–75).

Der Kern der Göttinverehrung ist die Mondmythologie samt dem jährlichen Zyklus von Leben, Tod und Wiederkehr. Wie der Mond jeden Monat stirbt und wiederersteht, haben auch die Pflanzen und Tiere des Urwalds ein kurzes, gefahrvolles Leben und nähren sich vom Tod anderer, bevor sie selbst sterben. Der Verjüngungsmythos dreht sich im wesentlichen um einen göttlichen Mann, der ermordet und zerschnitten und dann im Dorfwald vergraben wird. Daraus wächst die Nahrung für die Welt. Wichtig bei der Ermordung und dem Mahl sind auch die Geschlechtsorgane. Sexualität und Fortpflanzung sind somit daraus entstanden. Die zwei Gesichter der Muttergöttin, Sexualität und Tod, sind die zwei Prinzipien, von denen das ewige Rad des Lebens angetrieben wird.

Bei der Verehrung der Muttergöttin waren Opferungen sehr wichtig. Auch heute noch schlachtet man beim Kalighat-Fest in Kalkutta bis zu 800 Ziegen, ihre Köpfe werden vor dem Bildnis der Göttin Kali aufgeschichtet, um ihren unersättlichen Hunger zu stillen. Auch im übrigen ländlichen Indien werden ihr Tieropfer dargebracht. Menschenopfer sind seit 1835 verboten, es gibt schriftliche Zeugnisse darüber, daß sie in der dörflichen Kultur früher wichtig waren. Die arischen „Seher" führten symbolische Opfer ein, so daß die ausgefeilte Sprache und das Zeremoniell der *Brahmanen*-Priester genauso bedeutsam wie die Tötung an sich wurden.

Die Verehrung der Muttergöttin und die rituellen Tier- und Menschenopfer lassen sich bis in die Zeit vor der Ankunft der Arier zurückverfolgen. In ganz Indien fand man Terrakottafigurinen aus dem 3. und 2. vorchristlichen Jahrtausend, die Frauen mit üppigen Brüsten und ausladenden Hüften zeigen. Die reiche Kopfzier und ihr übriger Schmuck weisen darauf hin, daß sie vielleicht Kultfiguren waren, die als Göttinnen verehrt wurden, Vorbotinnen einer machtvollen Darstellung der Weiblichkeit, die jahrhundertelang im Hintergrund stand und in Indien nach wie vor sichtbar ist.

Terrakottafigurinen aus dem Industal (entstanden ca. 2000 v. Chr.) zeigen prächtig gekleidete Frauen, die als Muttergöttin gelten.

RECHTS *Kali, die Göttin der Zerstörung, wird heute in ganz Indien verehrt, hier ist sie auf einem Gemälde aus Kalkutta aus dem 19. Jahrhundert abgebildet.*

UNTEN *Die Verehrung von Göttinnen ist auch heute im religiösen Leben Indiens wichtig. Das Bild zeigt einen Priester vor einer zehnarmigen Göttin.*

DER GEIST DES BAUMES

Viele Elemente der Muttergöttinverehrung gehen auf animistische Rituale aus der vorarischen Zeit zurück, die sich bis heute bei einzelnen Stammesvölkern Indiens erhalten haben. In diesem Glauben sind Flüsse, Berge und Bäume von Geistern beseelt, die Erde selbst wird als Leib der Muttergöttin angesehen. Banyan-Bäume (Bild rechts) werden als besonders wichtige Symbole für den Reichtum der Natur betrachtet und verehrt, sie werden von der Baumgöttin Shalabhanjika bewohnt. Zur Verehrung der Muttergöttin und der Göttin Schiwa werden Perlen aus dem Samen des Banyan-Baums getragen.

Die Upanischaden

Die Schriftensammlung der *Upanischaden* entstand zwischen dem 7. und dem 5. Jahrhundert vor Christus. Sie sind der letzte Teil der *Weden* (S. 16–17), der heiligen Schriften der Arier, und werden *Wedanta* („Abschluß des *Weda*") genannt. Inhaltlich und stilistisch sind sie jedoch ganz anders als die früheren *Weden*. In den *Upanischaden* findet man als Hauptthema nicht mehr Opferrituale, sondern philosophische und mystische Fragen. Ihre 108 Schriften sind für den späteren Hinduismus von zentraler Bedeutung.

Um 500 v. Chr. kam es zu einschneidenden Veränderungen in Religion und Gesellschaft Indiens. Mit dem raschen Wachstum der Städte entstand eine einflußreiche Kaufmannschicht, somit waren die alten *Warnas* (Kasteneinteilung in Priester, Krieger, Händler und Knechte) teilweise überholt. Neu entstandene asketische, mystische oder weltentsagende Sekten lehnten die Autorität der *Brahmanen* und ihre traditionelle religiöse Vorherrschaft ab. Sie folgten stattdessen Lehrern wie Siddhartha Gautama, dem späteren Buddha (S. 30–55), und Vardhamana, dem späteren Mahawira (S. 40–43).

Dieser Wandel ist insbesondere in den *Upanischaden* sichtbar. Es werden nicht mehr äußere Götter angerufen, wichtiger ist das Göttliche im Inneren, der Schwerpunkt liegt somit nicht mehr auf Opferritualen, sondern auf der Suche nach der heiligen Kraft (*Brahman*), die allen Dingen innewohnt. Die arischen Weisen glaubten, daß das Göttliche im Opfer verkörpert und widergespiegelt wird, und auch die neuen Lehren gingen von der Widerspiegelung des *Brahman* im *Atman*, der Seele, aus.

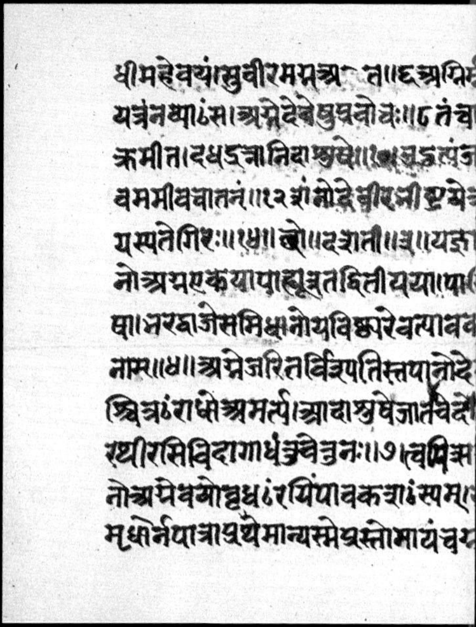

Die Einheit mit dem Göttlichen erreichte man nicht durch äußere Rituale, sondern durch einen inneren Wandel.

Die äußeren Zeichen der Götterverehrung, die in der späteren wedischen Religion sehr wichtig waren und im Zuge derer oft Dutzende Tiere geopfert wurden, waren nicht nur nebensächlich, sie wurden strikt abgelehnt. Schon deutlich vor dem Jahr 700 v. Chr. sangen die indischen Lehrer *neti neti* (das nicht, das nicht), sie leugneten die Realität einer äußerlichen Welt, und suchten statt dessen den ewigen Funken von *Brahman* in der Seele aller Dinge. In den *Upanischaden* geht es insbesondere um das Streben nach Erlösung (*Mokscha*) von der Seelenwanderung, die alle mit den heiligen Schriften vertrauten Menschen damals als gegeben annahmen. Die Erlösung erreichte man durch Meditation, Yoga und Askese, wodurch *Atman* und *Brahman* eins wurden.

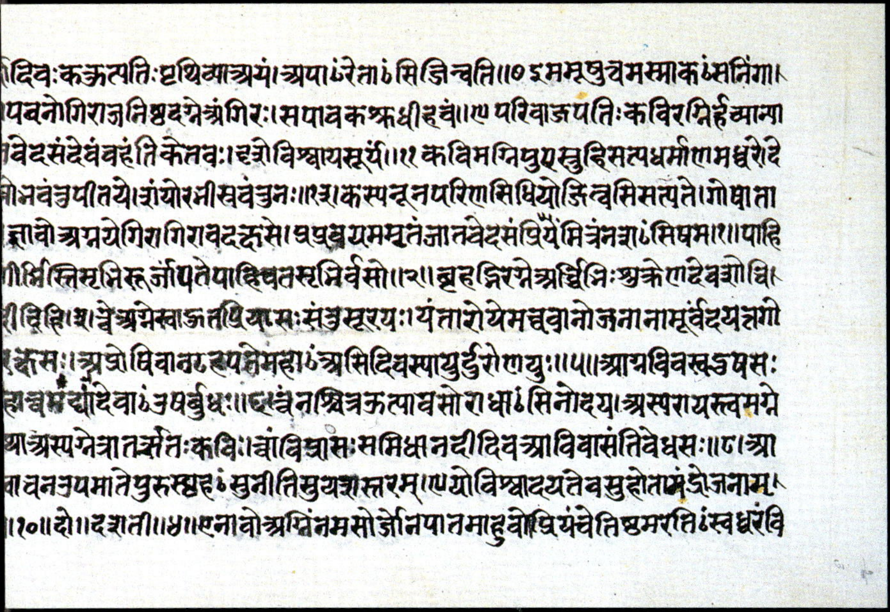

Diese Sanskrit-Handschrift stammt aus einem Manuskript der Chandogya-Upanischad. *Sie gehört zu den ältesten* Upanischaden *und entstand im 8. und 7. Jhd. v. Chr. Am bekanntesten daraus ist die Einheit von innerem* Atman *(Seele) und äußerem* Brahman *(kosmischem Geist).*

BALAKI UND JABALI

Die Lehren der *Upanischaden* waren im Unterschied zu den *Weden* nicht mehr den *Brahmanen*-Priestern vorbehalten, sondern auch den *Kschatrijas* (S. 25) zugänglich, der Kaste der Könige und Krieger, aus der Buddha stammte, und die nun oft angesehener als die *Brahmanen*-Kaste war.

Die früheste und somit am wenigsten mystische oder philosphische *Upanischad* berichtet von Balaki, einem stolzen und gelehrten *Brahmanen*, der sich zum König von Benares begibt, um ihn die *Weden* zu lehren. Der König bietet dem *Brahmanen* 1000 Kühe, wenn er ihm das Wesen des *Brahman* erschließen kann. Der Priester zeigt ihm zunächst die Sonne, dann den Mond, die Elemente, Donner und *Soma* – alles Symbole für wedische Götter –, doch der König gibt sich nicht zufrieden und erzählt dem gedemütigten *Brahmanen* von *Atman* (Seele), Yoga und dem Rad der Wiedergeburt.

In einer anderen Version schickt der *Brahmane* seinen Sohn zum Palast des Königs Jabali. Der König fragt den Jungen, ob sein Vater ihn in der Religion unterwiesen hat. Der Sohn bejaht, worauf der König fragt, was mit den Lebewesen nach dem Tod geschieht und wie die Seele wiederkehrt. Der Junge weiß keine Antwort und kehrt beschämt zu seinem Vater zurück. Der *Brahmane* geht nun zum König und fragt nach dem Wissen, das er selbst nicht besitzt. Der König erklärt ihm die Bedeutung von Kaste, *Karma* (S. 24–25), Yoga und Wiedergeburt, worauf die spätere hinduistische Lehre gründet.

Eine andere *Upanischad* (entstanden um 600 v. Chr.) führt diese radikal neue Sicht weiter, indem die wedischen Gottheiten der Muttergöttin untergeordnet werden, denn nur sie kann *Brahman* erkennen.

Karma

Dem Gesetz des *Karma* zufolge hat jede Handlung eine Ursache und eine unausweichliche Folge. Das Schicksal eines Menschen ist vom *Karma* bestimmt, dadurch wird man, was man denkt oder tut. Unglück im gegenwärtigen Leben ist die Folge vergangener Taten. Selbstmord ist nach dem Gesetz des *Karma* kein Ausweg, denn dem *Karma* kann man nicht entkommen, man kann es nicht hinausschieben; dadurch verschlimmern sich nur seine Auswirkungen.

Die Handlungen im jetzigen Leben bestimmen das Schicksal im nächsten Leben, das Bewußtsein selbst ist die Erinnerung des *Karma* und ist in den zahlreichen Inkarnationen der Seele enthalten. Verlangen ist die Ursache des *Karma*, und weil der Mensch in der Welt des Handelns bleiben und ein normales weltliches Leben führen möchte, wird er im ewigen Kreislauf des *Samsara* immer wiedergeboren.

Krischna, der Ardschunas Streitwagen fährt, lehrt in der *Bhagawadgita* (S. 60–61), daß die Seele so lange einen Körper aufsucht, wie sie nach Leben und Handeln strebt, „wie jemand, der ein altes Gewand weggibt und ein neues anzieht“. Der Tradition der Waldphilosophie (S. 38–39) zufolge kann man sich nur durch völlige Abwendung von jeglichem Handeln und von der Illusion der Welt aus dem *Karma* befreien und Erlösung von der Wiedergeburt (*Mokscha*) finden.

In der *Bhagawadgita* lehrt Krischna jedoch, daß das Handeln keine ungünstigen *Karma*-Folgen hat, wenn es selbstlos geschieht, wenn man sich nicht um den Erfolg oder Lohn für seine Taten sorgt. Diszipliniertes Handeln ist Krischna zufolge der Weg der Wahrheit (*Dharma*) und der Pfad zu *Brahman* (Göttlichkeit). Wenn man jedes Tun, jeden Gedanken und jedes Wort *Brahman* widmet, werden die ungünstigen Folgen des *Karma* ausgelöscht.

Dharma ist die Grundlage des modernen Hinduismus, der *Sanatana Dharma* genannt wird, ewiges oder universelles *Dharma*. Das *Dharma* ist die Grundlage aller Dinge, das Grundgesetz des Universums, und drückt sich in der kosmischen Ordnung und dem rechten Handeln der Menschen aus. Es steht für ein moralisches Gesetz, das man im Einklang mit seinem *Karma* befolgen muß. Der *Brahmane* hat ein eigenes *Dharma*, ebenso die *Kschatri-*

Karma *bedeutet wörtlich „Handeln". In der* Bhagawadgita *erkennt Krischna es als einen der drei Pfade zur Selbstfindung und Erlösung. Der erste Pfad ist Wissen (*Jnana*), der zweite Hingabe (*Bhakti*), der dritte Arbeit und Handeln (*Karma*). Für Krischna ist Handeln ein wichtigerer Pfad zur Erlösung als Entsagung, denn „wenn man Arbeit ungetan läßt, gewinnt man keine Freiheit ... durch Entsagung allein gelangt man nicht zur Vollkommenheit". Damit wird ein positiver Ausgleich zur strengen asketischen Entsagungslehre geschaffen.*

jas, Waischjas und *Schudras*. Handeln ohne Verlangen ist Krischna zufolge Handeln mit *Dharma* und führt zu einem höheren Bewußtsein. Wie Krischna lehrt, ist *Dharma* alles, was zu größerer Hingabe führt.

KASTENWESEN

Seit der wedischen Zeit wird die indische Gesellschaft in vier Gruppen, die *Warnas* (wörtlich „Farben"), unterteilt. Die *Warnas* sind in zahlreiche Untergruppen, die *Dschatis*, unterteilt. Jeder *Dschati* war ursprünglich eine bestimmte Berufsgruppe zugeordnet, etwa Töpferei, Weberei oder Landwirtschaft. Es gibt höhere und niedrigere *Warnas* und *Dschatis*, die genaue Reihenfolge ist jedoch umstritten. Die Portugiesen nannten die *Dschatis* „Kasten", reine Gruppen.

Die ***Brahmanen*** sind wegen der rituellen Reinheit der Priester bei ihren göttlichen Aufgaben die höchste Kaste. Heute sind nicht alle *Brahmanen* auch Priester, viele leben aber vegetarisch und halten sich an Bräuche wie häufiges Baden und (bei Männern) das Tragen heiliger Bänder.

Die ***Kschatrijas*** (Krieger) setzen sich aus mehreren Kasten zusammen. Meist handelte es sich um Könige und Adelige, aber auch Schreiber und andere Hofbeamte.

Die dritte Gruppe sind die ***Waischjas***, die Bauern und Händler.

Die Gruppe der ***Schudras*** besteht traditionell aus einfachen Arbeitern.

Unter den vier *Warnas* gibt es ***Harijans***, die Mahatma Gandhi „Kinder Gottes" nannte. Diese „Unberührbaren" stehen außerhalb des Kastensystems; wenn ein orthodoxer Angehöriger einer höheren Kaste sie nur berührt, wird er unrein. Die vermeintliche Unreinheit der *Harijans* geht auf ihre Berufe zurück, sie sind oft Straßenfeger oder Toilettenreiniger. Im heutigen Indien bestehen komplizierte Beziehungen zwischen Kasten und Klassen. In der Verfassung des unabhängigen Indien, die vom *Harijan*-Juristen Bhimrao Ambedkar stammt, wurde der Status der Unberührbaren abgeschafft, doch in der Praxis sind Änderungen schwer durchsetzbar.

Weltentsagung

Bis Mitte des ersten vorchristlichen Jahrtausends hatten die *Brahmanen*-Priester, die die wedischen Opfer darbrachten, in Nordindien praktisch ein Monopol auf das offizielle religiöse Leben und die Rituale. Viele Menschen, auch die Priester selbst, empfanden die Opferrituale als nicht mehr passend für ihre religiösen Bedürfnisse. Statt der Ehrung des Opferfeuers suchte die wachsende Zahl der wandernden Asketen durch Fasten und Meditation „inneres Feuer" zu finden. Die Anhänger der berühmten Asketen Buddha und Mahawira, der Gründer des Buddhismus bzw. Dschainismus, kamen aus dieser Gruppe.

Das Hauptziel der Asketen war die Befreiung von der materiellen Welt und dem ewigen Kreislauf aus Geburt und Tod. Wichtige philosophische Grundwerte waren *Samsara* (Wiedergeburt) und *Karma* (der Glaube, daß frühere Taten die Zukunft eines Menschen bestimmen). Im Dschainismus sind strenge Selbstdisziplin und Gewaltlosigkeit der einzige Weg zur Befreiung von weltlichen Fesseln.

Der buddhistische Mittlere Weg zwischen Askese und Materialismus zielt auf Befreiung vom Leiden ab; auf dieser Grundlage konnte der Buddhismus von Laien und Mönchen gleichermaßen praktiziert werden.

Die weltentsagenden Anhänger Buddhas und Mahawiras wurden im 12. Jahrhundert von den eindringenden Moslems aus Westindien vertrieben und von den Brahmanen *unter Druck gesetzt. Sie siedelten sich später vor allem im Gangesbecken und in den Hügeln des östlichen Himalaya (Bild rechts) an. In den asketischen Gemeinschaften entstanden neue Anbetungsformen, etwa das Schreiben der Namen von Göttern auf die Gebetsfahnen.*

Die Waldphilosophien

Arhat, der Buddha, der sich selbst überwindet. Portrait aus einem buddhistischen Kloster des 17. Jahrhunderts im Himalaya.

Ab dem 8. Jahrhundert v. Chr. durchwanderten weltabgewandte Asketen die Wälder Nordindiens. Aus ihnen entstanden im Lauf der Zeit buddhistische, dschainistische und Adschiwika-Gruppen. Ihre Mitglieder lehnten alle gesellschaftlichen Bindungen ab und trennten sich auch von Freunden und Verwandten. Sie lebten entweder als Bettler oder zogen sich gänzlich in den Wald zurück.

Ein wichtiger Grundgedanke dieser Gruppen war das Weggehen vom Zuhause (*Pravrajya*). Um nicht in einem Waldteil heimisch zu werden, blieben sie stets auf Wanderschaft und ließen sich nur in der Monsunzeit fest nieder. Manche praktizierten in ihrem Streben nach der Befreiung von körperlichen Grenzen (*Mokscha*) eine so strenge Askese, daß sie fast verhungerten, oder sie setzten sich extremer Kälte und Hitze aus, um geistige Macht über den Körper zu gewinnen. Wegen der körperlichen Strapazen ihres Weges nannte man sie oft *Schramanas* (Strebende).

Eine der letzten Hymnen des *Rigweda* (S. 16–17) handelt von *Munis*, Wanderasketen, die durch Meditation und Askese zur erlösenden Ekstase gelangen. Sowohl Buddha (S. 30–31) als auch der dschainistische Lehrer Mahawira (S. 40–41) sind insofern mit den wedischen *Munis* vergleichbar, als sie einen Teil des Lebens als Wanderasketen verbrachten. Im Mittelpunkt der Waldphilosophie Buddhas, Mahawiras und Goshalas stand das innere Opfer, das Opferfeuer wurde durch das innere Feuer (*Tapas*) der Kontemplation und Askese ersetzt. Wie beim Opfer strebte man auch in der Askese nach Überwindung der Einschränkungen der materiellen Welt. Anders als die wedischen Priester suchten die Asketen ihr Ziel durch geistige Beherrschung zu erreichen, denn der Geist regiert den Körper und die Wahrnehmung der Außenwelt.

Die upanischadischen Prinzipien *Karma* und *Samsara* waren im 6. Jahrhundert v. Chr. die wesentlichen Grundlagen des menschlichen Lebens. *Samsara* (Fluß) ist der ständige Kreislauf der Wiedergeburt, zu dem die Summe der Taten (*Karma*) führt. Als Gegenstück zur letzten Wirklichkeit, die man im Streben nach *Mokscha* erlebt, steht *Samsara* für die Welt der Illusion und des Leidens, in der alles der Veränderung unterliegt. Ein Hauptmerkmal der Entstehungsphase des Dschainismus, der Adschiwikas und des Buddhismus ist der Glaube an die Seelenwanderung; ihr Hauptziel ist daher die Erlösung von der Wiedergeburt, die ja durch böse Taten bewirkt wird. Das erlösende rechte Handeln der Asketen bedeutete auch Ablehnung der gesellschaftlichen Normen des *Dharma*.

ADSCHIWIKAS

Diese asketische Sekte entstand zugleich mit dem Buddhismus. Ihr berühmtester Heiliger, Maskarin Goshala, war ursprünglich ein Anhänger Mahawiras, mit dem er in Streit geriet. Das Wissen über Goshala stammt hauptsächlich aus späteren buddhistischen und dschainistischen Texten. Ihnen zufolge ist Goshala dem Determinismus verfallen, der das Schicksal (*Nijati*) als einzig wichtige Kraft des Universums ansieht. Alles Bemühen um Befreiung ist sinnlos; gewisse Ereignisse sind Goshala zufolge vorbestimmt und unvermeidlich.

WALDGEMEINSCHAFTEN

Ein besonders interessanter Aspekt der Waldgemeinschaften ist ihr Organisationsgrad. Die Struktur dieser Gruppen und ihre Regeln hatten eine erstaunliche Ähnlichkeit mit der Welt, von der sie sich abgewandt hatten. Der plötzliche Zulauf im 6. Jahrhundert v. Chr. wird oft mit gesellschaftlichen und wirtschaftlichen Veränderungen im damaligen Nordindien erklärt; denn die Eroberungszüge der Magadha-Dynastie wurden für die kriegerischen Stammesgesellschaften an der Grenze eine immer größere Bedrohung. Die buddhistischen und dschainistischen Begriffe *Gana* (Truppe) und *Sangha* (Gemeinschaft) stehen in den *Weden* für nomadische Kriegsverbände, deren Mitglieder – wie in den Waldgemeinschaften – nach Alter, Tüchtigkeit und Stand gereiht wurden.

*Dieser Asket hat sich von allen Bindungen gelöst und lebt in einer asketischen Gemeinschaft (*Sangha*) in der heiligen Stadt Puri.*

NACKTE MÖNCHE

Als Alexander der Große 326 v. Chr. nach Nordindien kam, wollte er indische Philosophen kennenlernen. Man führte ihn zu einer Gruppe nackter Waldmönche, die auf einem Felsen saßen, der so heiß war, daß die Soldaten ihn kaum betreten konnten. Die meisten Mönche weigerten sich zu sprechen, doch einer schloß sich Alexanders Gefolge an. Als die Armee nach Persien kam, bat er, daß ein blumengeschmückter Scheiterhaufen errichtet werden solle. Dann setzte er sich in Yogahaltung hin und opferte sich vor der schweigenden griechischen Armee.

Das Leben Buddhas

Diese Wandmalerei in Ajanta, Maharashtra, aus dem 5. Jahrhundert n. Chr. zeigt einen Teil des Mahajanaka Jakata, *der Geschichte eines der früheren Leben Buddhas.*

Buddha („der Erwachte") wurde 563 v. Chr. als Siddhartha Gautama geboren. Siddhartha hat wirklich gelebt, er war der Prinz der Shakyas, der Bevölkerung eines Kleinstaats an der Grenze zum heutigen Indien und Nepal. Er lebte in einer Zeit des Wohlstands und der gesellschaftlichen Umwälzungen. Eine Straße führte von Nordindien nach Griechenland und ermöglichte einen freien Gedankenaustausch. Buddha lebte in etwa zeitgleich mit den griechischen Philosophen Pythagoras und Heraklit sowie mit Mahawira, dem letzten dschainistischen *Tirthankaras* (S. 40).

Über seine ersten 29 Lebensjahre gibt es hauptsächlich mythologische Berichte. In Lobschriften des Mahajana-Buddhismus wird Siddhartha Gautamas Leben als vorgezeichneter Pfad hin zum Buddha beschrieben. Sein Vater, der König, tat alles, um den künftigen Buddha von seinem mühsamen Weg abzubringen; er zwang ihn, im Palastgelände zu bleiben, und bot ihm allen weltlichen Luxus. Mit 16 Jahren heiratete Siddhartha eine schöne Frau, die ihm einen Sohn gebar. Damit waren die Hauptpflichten eines Familienoberhaupts des traditionellen Indien erfüllt. Sein Leben wendete sich, als sich der 29jährige Siddhartha aus dem Palast wagte.

Die Götter sahen die Gunst der Stunde, sie frohlockten und sandten vier Zeichen zur Erde, um dem künftigen Buddha seinen Weg zu weisen. Als erstes Zeichen sah er einen alten, gebrechlichen Mann, der sich auf einen Stock stützte. Siddhartha war die Welt des Leidens um ihn bisher verborgen gewesen, so fragte er seinen Kutscher, warum der Mann so schwach war. Dieser antwortete, daß der Mann alt sei und das Alter ihn schwäche. Siddhartha

Städtische Prozession, aus einer Erzählung des Lebens Buddhas am Tor des Stupa *von Sanchi in Madhya Pradesh (1. Jhd. n. Chr.).*

ging dieses Erlebnis sehr nahe. Am nächsten Tag begegnete er einem Mann, der von einer Krankheit gezeichnet war. Er fragte nach dem Grund dafür und erfuhr, daß Krankheit immer Leiden bedeutet. Als drittes Zeichen sah er einen Leichnam, der zur Einäscherung gebracht wurde, und erfuhr somit vom Tod.

Alter, Krankheit und Tod sind die drei Zeichen der Vergänglichkeit. Sie zeigen, daß das Leben nicht von Dauer und daher unweigerlich mit Leiden (*Dukkha*) verbunden ist. Von Zweifeln geplagt, verließ Siddhartha erneut den Palast. Einer der Götter erschien ihm als Wanderer, dessen Gelassenheit den Prinzen davon überzeugte, daß man durch Kontemplation das Leiden überwinden kann, das dem Leben zugrunde liegt. Bald darauf verließ er, als Wanderasket gekleidet, Frau und Kind.

Am Anfang seiner Suche nach Erleuchtung wandte er sich nach Süden, in Richtung der Zentren spiritueller Lehre. Nach der Unterweisung durch einen der anerkanntesten Gurus gelangte er in eine Waldeinsiedelei. Die nackten Mönche lebten in strengster Askese und lehrten, daß Schmerz und Versagung die Quelle der Erlösung seien. Siddhartha widersprach und erklärte, der Körper werde vom Geist beherrscht, daher müsse man den Geist und nicht den Körper unter Kontrolle bringen. Er wandte sich vom Weg der strengen Askese ab und suchte weiter nach Erleuchtung.

Mit 35 Jahren gelangte er schließlich nach Bodh Gaja, wo er sich unter einen Baum setzte, der in der Folge als Baum des Lebens galt (S. 33). Er gelobte, sich nicht zu erheben, bis er Erleuchtung gefunden hatte. Nach 49 Tagen einsamen Meditierens erreichte er das *Nirwana*, den Zustand der Unvergänglichkeit im Fluß des täglichen Lebens. So wurde er zum „voll erwachten“ Buddha.

DER FASTENDE BUDDHA

Siddhartha traf fünf Asketen, die sich auf der Suche nach Wahrheit extremen Übungen unterzogen. Sie überzeugten den Prinzen von der Notwendigkeit, den Körper abzutöten, und setzten sich zum Fasten hin. Siddhartha fastete, bis sein Nabel die Wirbelsäule berührte. Es gibt zahlreiche Darstellungen des so ausgezehrten Buddha. Aus dieser Erfahrung schloß Buddha, daß der Körper für die geistige Suche nach Erleuchtung Energie braucht, und lehnte später diese extreme Askese ab.

Die Schieferstatue aus Gandhara in Pakistan zeigt den vom Fasten ausgezehrten Buddha (3. Jhd. n. Chr.).

Die Erleuchtung Buddhas

Der leere Thron unter dem Baum als Symbol für die Erleuchtung Buddhas; Relief aus dem 1. Jahrhundert n. Chr. im Tempel von Sanchi.

Die Geschichte der Erleuchtung Buddhas ist sowohl für den Hinajana- als auch den Mahajana-Buddhismus von zentraler Bedeutung (S. 38–39). Siddhartha Gautama verbrachte sechs Jahre mit extremen asketischen Übungen, bis er, völlig ausgezehrt, erkannte, daß dieser Pfad nicht zum Ziel führt. Er aß wieder normal und brach mit den Fastenmönchen, die ihn als Führer ansahen. Der spätere Buddha setzte sich dann am „Ort der Erleuchtung" Bodh Gaja mit gekreuzten Beinen unter einen Baum, den Blick nach Osten gewandt. Er gelobte, nicht wegzugehen, bis er Erleuchtung gefunden habe.

Es gibt dazu eine Anekdote, die an die Versuchung Christi in der Wüste erinnert: Mara, der Herr der Finsternis, ging mit seinen Söhnen Verwirrung, Lustbarkeit und Stolz sowie seinen Töchtern Lust, Wonne und Sehnsucht zu Siddhartha. Sie beschworen ihn, von seinem Weg abzugehen und erinnerten ihn an seine Kastenpflichten als König (*Kschatrija*) und daß er Ruhm und Reichtum erlangen könnte. Siddhartha hörte nicht auf sie, er hatte die Augen vor der Außenwelt verschlossen.

Mara nahm dann seinen Bogen mit den Pfeilen der Versuchung (Aufregung, Betörung, Leidenschaft, Ausdörrung und Todeskunde) und schoß einen Pfeil auf den Heiligen. Siddhartha erlitt keinen Schaden, da er sein zeitliches Wesen aufgelöst hatte; er hatte kein weltliches Ich, das Mara, der Herr der Finsternis, durch seine Pfeile hätte versuchen oder ängstigen können. Mara schleuderte dann seine stärksten Heer-

MUCHILINDA

Nach seiner Erleuchtung saß Buddha sieben Jahre unter einem *Muchilinda*-Baum und gab sich der Erleuchtung hin. Ein furchtbarer Sturm kam auf, den er nicht bemerkte, doch der *Naga*-König (Schlangenkönig) Muchilinda verließ sein Lager, umschlang Buddha siebenfach und hielt seinen Kopf wie einen Schirm über ihn. Der Mythos steht für die grundlegende Einheit des Universums: Alle Lebewesen können erleuchtet werden.

scharen gegen ihn. Vielköpfige Dämonen wüteten, und nackte Frauen, die Schädel trugen, suchten ihn zu zerstreuen. Die Himmelsgötter flohen in Panik, Siddhartha, der zukünftige Buddha, blieb allein zurück. Mara sandte ihm Stürme, doch nicht einmal sein Kleidersaum bewegte sich. Felsen und fürchterliche Waffen verwandelten sich durch die Macht der Meditation in Blumen, und die Finsternis des Todesgottes verflüchtigte sich wie die Nacht im Morgengrauen. Der Herr der Finsternis war geschlagen und verschwand.

In dieser Nacht erlangte Siddhartha zunächst Wissen über all seine früheren Leben. Er dachte bei sich, daß jegliche Existenz unwesentlich ist, und gelangte zu einem tiefen Verständnis der Notwendigkeit des Mitleids (*Karuna*), da alle Wesen im ewigen Kreislauf aus Leiden und Wiedergeburt (*Samsara*) gefangen sind. In derselben Nacht erlangte er göttliche Einsicht und erkannte eine Kette aus Ursache und Wirkung, die zur Wiedergeburt führt, darin liegt die Wurzel des Leidens (*Dukkha*).

Im dritten Teil der Nacht verstand Buddha das Wirken des *Karma* zur Gänze und gelangte durch die acht Stufen der Meditation (*Dhjana*) zur Vollkommenheit. In diesem Augenblick fand der nun völlig erwachte Buddha Erleuchtung durch vollkommene geistige Einsicht.

Auf dieses übermächtige Ereignis antwortete die Natur selbst, und die zehntausend Welten des Kosmos donnerten und bebten feierlich. Es regnete Blumengirlanden vom Himmel, denn die Menschheit hatte nun Hoffnung auf Erlösung von der ewigen Wiedergeburt.

Mara versuchte Buddha erneut. Er drängte den eben erleuchteten Buddha, sich an seiner eigenen Erleuchtung im Himmelreich des *Nirwana* (wörtlich „Atmen" oder „Ausblasen", Erlöschen des Selbst) zu erfreuen, statt die Mühe des Predigens auf sich zu nehmen. Der völlig erwachte Buddha aber überwand seine Sorge, daß niemand ihn verstehen würde, und lehrte von da an seinen „edlen achtfachen Pfad".

BODH GAJA

Der Baum des Lebens ist als Archetyp fast weltweit in den Mythen und Legenden zu finden. Im Christentum erscheint er als Baum der Erkenntnis und als Jakobsleiter. In den nordischen Mythen trägt die Weltesche Yggdrasil das Weltall, im Buddhismus gibt es den heiligen Baum des Lebens in Bodh Gaja, wo Buddha Erleuchtung fand. Der Baum steht für die Nabe, die im Mittelpunkt des sich ewig drehenden Rads der Zeit, des Lebens und des Todes ruht.

Statue des meditierenden Buddha in Bodh Gaja, dem Ort des heiligen Bodhi-*Baums, unter den sich Buddha setzte und gelobte, sich nicht zu erheben, bis er Erleuchtung gefunden habe.*

Die Lehre Buddhas

Verschiedene Buddha-Darstellungen auf einem Gemälde in einem Heiligtum in Ajanta in Maharashtra, entstanden im 5. Jahrhundert.

Nach seiner Erleuchtung reiste der nun 35jährige Buddha 45 Jahre lang durch Nordindien und lehrte viele Anhänger seinen Weg. Er erklärte seine Lehre zwar zur einzigen Wahrheit, dennoch durften seine Jünger ihm nicht blind folgen. Er predigte die Notwendigkeit der Erleuchtung und des Endes des Leidens und der Unwissenheit.

Seine Lehre war wenig dogmatisch, sondern eher logisch aufgebaut, und er ermutigte seine Schüler dazu, auf der Grundlage eigener Erfahrungen Lösungen zu suchen. Er kritisierte das Kastenwesen und die Rolle der Priesterkaste. In einem Pali-Gedicht über die Lehre *Dharma* (*Dharmapada*) spricht Buddha davon, daß man weder durch langes Haar noch durch Geburt *Brahmane* wird. Wer Wahrheit und Heiligkeit besitzt, ist voller Freude und ein *Brahmane*. Buddha selbst verehrte keine Götter, sprach sich aber nicht gegen Götterverehrung aus. Er warnte nur vor gedankenloser Anerkennung von Göttern, die nicht zur Erlösung vom Leiden führen.

Seine erste Predigt, *Die erste Drehung des Rades der Lehre*, hielt Buddha im Wildpark von Sarnath nahe Varanasi. Seine Jünger waren fünf Asketen, mit denen er vor seiner Erleuchtung gefastet hatte (S. 31). Diese Predigt handelt von den „vier edlen Wahrheiten“: Die Wurzel des Lebens ist Leiden (*Dukkha*), Leiden entsteht durch Verlangen (*Tanha*) nach Macht, Genuß und langem Leben. Wer dieses Verlangen überwindet, wird vom Leiden erlöst und kann das *Nirwana* erreichen. Den Weg dorthin weist der edle achtfache Pfad.

Dukkha wird meist als „Leiden“ übersetzt, es bedeutet auch Vergänglichkeit und Unvollkommenheit. Das Leben ist *Dukkha*, den drei Zeichen der Vergänglichkeit (Alter, Krankheit und Tod) war Buddha als junger Mann erstmals begegnet (S. 30–31). Der Mensch leidet, weil er nach Dauerhaftigkeit im jetzigen und künftigen Leben sucht, doch Buddha lehrt, daß nichts Bestand hat. Das Leben an sich ist nicht voller

Sorgen, doch wegen seiner Vergänglichkeit ist es unvollkommen und macht den Menschen daher unzufrieden.

Die Wurzel des Verlangens ist *Anitja*, eine falsche Vorstellung vom Wesen der Wirklichkeit. Buddhas Lehre handelt von *Anatman* (dem Nichtselbst) und leugnet die Existenz einer unvergänglichen Seele. Die Identifizierung mit dem Selbst hielt Buddha für eine häufige Ursache menschlichen Leidens. In seinen Lehren gibt es viele praktische Anweisungen dafür, wie man sich durch Meditation vom Trugbild der Vorherrschaft des Selbst befreit.

DER EDLE ACHTFACHE PFAD

Dieser Pfad ist das Kernstück buddhistischer Erleuchtung. Er ist kein Ritual, das der Priesterelite vorbehalten ist, sondern eine Lebensweise und eine praktische Hilfestellung für alle. Der achtfache Pfad beruht auf acht miteinander verknüpften Prinzipien. Diese Prinzipien werden so gut wie immer in derselben Reihenfolge genannt. Sie lauten: rechte Ansicht, rechtes Denken, rechte Rede, rechtes Handeln und Leben, rechtes Streben, rechte Wachsamkeit und Sammlung (*Samadhi*). Der Lohn für das Wandeln auf diesem Pfad ist das *Nirwana*, das Buddha in der letzten der vier edlen Wahrheiten allen Menschen als erreichbar verspricht.

DER MITTLERE WEG

Buddhas Pfad zur Erleuchtung ist ein Mittelweg zwischen Luxus und Askese. Er war als Prinz aufgewachsen und von den Härten des Lebens abgeschirmt worden. Später schloß er sich Mönchen an, die fasteten und asketische Übungen praktizierten.

Buddha predigt seinen Jüngern inmitten von Seen, Wäldern und Bergen. Gemälde aus dem 18. Jahrhundert.

DIE BLUMENPREDIGT

Die „Blumenpredigt" war beim Entstehen des Zenbuddhismus in Japan von großer Bedeutung. Als Buddha von den Jüngern nach dem Wesen der Erleuchtung gefragt wurde, schwieg er und hielt eine Blume hoch. Wie er lehrte, stehen Worte für Dinge und Vorstellungen, die man ausdrücken kann. Wahrheit und Erleuchtung gehen über unser Verständnis hinaus.

*Buddha-Ikone des 5. Jahrhunderts aus Mathura in Zentralindien. Der Erwachte sitzt auf einem Thron, eine Hand ist zur angstabweisenden Geste (*Mudra*) erhoben.* Mudras *sind wichtige Symbole für die Grundprinzipien des buddhistischen Denkens.*

Stupas

Die prächtige Eingangspforte zum Stupa *von Sanchi in Ostindien, aus dem 2. Jhd. v. Chr.*

Aufgrund des ungünstigen indischen Klimas und der Verwendung von Holz als Baumaterial sind kaum Zeugnisse der religiösen Kunst und Architektur Indiens aus der Zeit vor unserer Zeitrechnung erhalten. Aufgrund ihrer Größe und kunstvollen Gestaltung geben die Höhlentempel des 2. Jahrhunderts v. Chr. aber ein beeindruckendes Zeugnis der alten Zeit. Die ältesten erhaltenen Steinbauten sind vermutlich die buddhistischen *Stupas* (Begräbnishügel). Sie sind kunstvoll angelegt und oft mit Skulpturen ausgeschmückt. *Stupas* waren bis zum 7. Jahrhundert n. Chr. sehr häufig, danach verdrängte der Hinduismus als Religion der Herrscher den Buddhismus.

Die ersten *Stupas* wurden unter Kaiser Aschoka erbaut, der im 3. Jahrhundert v. Chr. zum Buddhismus übertrat. Es heißt, daß er mit dem Eifer des neu Bekehrten in seinem rasch wachsenden Maurja-Reich allerorten *Stupas* errich-

DAS SYMBOL DES STUPA

In der frühen buddhistischen Kunst wurde Buddha symbolisch dargestellt, man zog dazu Legenden aus seinen früheren und dem letzten Leben heran. Der untere Teil der *Stupas* ist meist reichhaltig mit Reliefs geschmückt, auf denen die Vielfalt des Erdenlebens dargestellt ist. Auf diesem symbolischen Fundament stand der kugelförmige Grabhügel mit den sterblichen Überresten. Die beiden Bauteile waren durch eine Säule verbunden, die den Baum von Bodh Gaja symbolisiert, wo Buddha Erleuchtung fand (S. 32–33).

Ein quadratischer Balkon oben auf der Kuppel steht für den Himmel mit den 33 Göttern. Jeder ist durch einen Ehrenschirm, ein altes Königssymbol, geschützt.

Die ältesten *Stupas* waren Denkmäler zur Verehrung des großen Buddha, später hatten sie symbolische Bedeutung, da sie die „drei Juwelen“ (*Triratna*) darstellten: Buddha, Gesetz und Mönchsgemeinschaft.

Die Augen des Buddha überschauen die nepalesischen Stupas *und blicken von der Säule über der Kuppel in die vier Himmelsrichtungen.*

tete. Die kuppelförmigen, reich geschmückten Denkmäler gelten als Symbol für den buddhistischen Pfad zur Erlösung und als Herberge der sterblichen Überreste Buddhas und seiner berühmten Anhänger und Schüler.

Angeblich errichtete Aschoka zwischen 1000 und 84 000 *Stupas*, die aber mit Ausnahme des *Stupa* von Bhilsa nicht erhalten geblieben sind. Der berühmteste noch vorhandene *Stupa* aus dieser Zeit befindet sich in Sanchi in Ostindien.

Ein Großteil des Wissens über den Einsatz von Holz in der indischen Architektur stammt aus Untersuchungen der „imitativen Kunst" der Eingangsportale dieses *Stupa*. Bei diesen Ornamenten wurden die Holzkonstruktionen der lokalen Baukunst in Stein nachgeahmt; die Originale sind nicht erhalten. Tafeln mit fortlaufenden Szenen aus Buddhas früheren Leben schmücken die Pfeiler und Querbalken der Portale von Sanchi. Buddha selbst wird aber nur indirekt in Form eines leeren Throns, Fußabdrucks oder in Form von Symbolen wie dem Rad dargestellt.

Die kraftvolle Dynamik dieser Arbeiten lieferte Impulse für die ausgefeiltere buddhistische Kunst der Gupta- und der Pala-Dynastie vom 4. bis 8. Jahrhundert n. Chr. Im Gegensatz zu früheren Darstellungen erscheint Buddha nun in Menschengestalt als der historische Prinz Schakjamuni, der erleuchtet wurde und dessen Lehre die Grundlage der neuen Religion bildet.

BUDDHISTISCHE HÖHLENTEMPEL

Für den Bau der Höhlentempel trieb man Holzpflöcke in Löcher im Felsen. Durch die Einwirkung von Feuchtigkeit dehnte sich das Holz, so daß der Fels in Blöcke zersprang, die man mit Pickeln und Stangen entfernen konnte. Einzelne Blöcke wurden an Ort und Stelle belassen, sie bildeten Scheinpfeiler – Nachahmungen der Pfeiler in den Holztempeln – oder wurden wie in den Höhlentempeln zu Skulpturen behauen.

Skulpturen aus dem 5. Jhd. in den Höhlen von Ajanta zeigen den lehrenden Buddha (rechts) und seinen leblos daliegenden Körper während der „großen Krankheit" (oben).

Mahajana- und Therawada-Buddhismus

Ein Zweig des heiligen Bodhi-*Baums wird als Symbol für die Verbreitung des Mahajana-Buddhismus in der großen Fähre von Indien weggeführt. Wandmalerei aus dem 19. Jahrhundert.*

Die buddhistische Strömung Mahajana („großes Fahrzeug") entstand Ende des 1. vorchristlichen Jahrtausends als Reaktion auf den nüchternen Therawada-Buddhismus. Die späteren Schulen wurden von den Vertretern des Mahajana-Buddhismus als „Hinajana" („kleines Fahrzeug") bezeichnet.

Mahajana ist die verbreitetste Form des Buddhismus in China, Tibet, Japan und Korea. Der Mahajana-Buddhismus ist eine Art Kombination aus kontemplativen und Verehrungselementen der indischen Religion. Wie bei den volksnahen Formen des Hinduismus aus derselben Zeit lag auch hier der Schwerpunkt auf Liebe und Mitgefühl als Weg zur Erleuchtung, der dem Weg der Erkenntnis gleichwertig ist.

Im Therawada-Buddhismus ist mönchisches Leben und Genügsamkeit sehr wichtig, Laien können nicht zur Erlösung gelangen, im Mahajana-Buddhismus dagegen können alle Menschen unabhängig von ihrem Stand Erleuchtung finden, wenn sie dem Weg der Hingabe und Kontemplation folgen.

Im Therawada-Buddhismus gilt die historische Gestalt des Siddhartha Gautama als der einzige Buddha und Künder der Wahrheit. Beim Mahajana geht man über den konkreten Menschen hinaus und stellt Buddha als transzendentale Gottheit dar, die auf Erden unter anderem auch in der Gestalt des Gautama Buddha auftrat.

Mitleid ist im Mahajana ein zentraler Begriff. Man findet es in den an-

BUDDHAS UND BODHISATTVAS

Wie bei der Götterverehrung im Hinduismus rankt sich auch um die Bodhisattvas und Buddhas des Mahajana eine Vielzahl von Mythen. Den historischen Buddha verehrt man als einen unter mehreren himmlischen Buddhas, etwa Amitabha, der Schöpfer des reinen Buddha-Reichs im Westen. Er wurde der Überlieferung zufolge zum Buddha, als er gelobte, die Erleuchtung zu verweigern, wenn er dadurch anderen nicht helfen konnte, die seinen Namen anrufen. Amithaba wird oft zwischen den bekannten Bodhisattvas Awalokitschwara und Mahasthamaprapta dargestellt. Awalokitschwara ist der mitleidigste aller Buddhas, mit seinen 1000 Armen versucht er unablässig, seine Anhänger zur Erlösung zu führen.

Haupt eines Bodhisattva aus Uttar Pradesh (8. Jahrhundert).

spruchsvollen Anbetungspraktiken der Mahajana-Anhänger ebenso wie in ihrer Sicht des Buddha als Erlöser, der über seine eigene Erleuchtung und Loslösung hinaus wichtig ist.

Therawada befaßt sich mehr mit der Nachfolge auf Gautamas Weg der Weltverleugnung, seine Anhänger sind Kämpfer (*Arhats*) gegen Unwissen, während man im Mahajana auf die Rolle Buddhas als mitleidiger Lehrer und Befreier abzielt. Mahajana-Philosophen nennen den Weg des Therawada selbstsüchtig und zu eng, zum Beweis zitieren sie Gautamas Ablehnung der persönlichen Erleuchtung, als der Dämon Mara sie ihm anbot (S. 33).

Das Ideal des Mahajana ist der Bodhisattva, der „kommende Buddha", der seine eigene Erleuchtung opfert, um andere zu erlösen. Die Bodhisattvas werden in der buddhistischen Kunst als strahlende Götter dargestellt, die *Karma*-Verdienste aus früheren guten Taten angesammelt haben. Als krönende Selbsthingabe verteilen sie diese Verdienste an ihre Anhänger. Wer in vollkommenem Glauben zu einem Bodhisattva betet, wird automatisch im Paradies wiedergeboren.

In der Mahajana-Lehre spricht Buddha bei seiner Predigt in Sarnath (S. 34) persönlich zu Maitreja, dem künftigen Buddha, der im Himmel darauf wartet, 5000 Jahre nach dem Tod seines Vorgängers wiedergeboren zu werden. Buddha sagt Maitreja, daß er sein Gesetz gehört und freudig aufgenommen habe und er nun in alle Ewigkeit Glück finden werde. Wo seine reine Lehre herrsche, würde selbst das Familienhaupt zum Buddha.

Die Mahajana-Buddhisten setzen die persönliche Erfahrung des *Nirwana* (Erleuchtung) mit der absoluten Leere des Universums (*Sunjata*) gleich. Wer die Wirklichkeit des *Nirwana* erfährt, kann selbst Buddha werden, wenn er den Weg des Mitleids und der Kontemplation geht, der im Mahajana im Mittelpunkt steht.

Der kommende Buddha Maitreja als königliche Gestalt. Skulptur aus dem 4. Jahrhundert aus Gandhara, Pakistan.

Dschainismus

Das Wort „Dschainismus“ kommt vom Sanskrit-Wort *Dschina* und bedeutet „Sieger“. *Dschina* ist der Ehrentitel der 24 *Tirthankaras*, der „Furtbereiter“ (S. 42–43), die durch Askese Geist, Leidenschaft und Körper bezwangen und damit vom ewigen Rad der Wiedergeburten erlöst wurden. Der Dschainismus ist die asketischste der indischen Religionen. Wichtig ist nicht die Verehrung eines vollkommenen Gottes, sondern das Streben nach eigener Vollkommenheit durch allmählichen Rückzug aus der materiellen Welt. Kern des Dschainismus ist der Glaube an eine extreme Form der Gewaltlosigkeit (*Ahimsa*), der zufolge man keinem Lebewesen Leid zufügen darf.

Der Berg Sarunjaya bei Palitana in Gujarat ist „der Hügel, der die Feinde besiegt“, einer der fünf heiligen Berge des Schwetambara-Dschainismus.

Die „luftgekleideten“ Mönche sind die Vertreter einer der beiden Dschainismus-Schulen. Sie lehnen Besitz und Kleidung ab.

LUFTGEKLEIDETE MÖNCHE

Im 1. Jahrhundert v. Chr. spaltete sich der Dschainismus in die Zweige Digambara (die Luftgekleideten) und Schwetambara (die Weißgekleideten). Die Asketen der Digambara sind nackt (luftgekleidet) und ahmen so Mahawiras vollkommene Weltentsagung nach, sie fordern strengste Gewaltlosigkeit. Ihnen zufolge fördert Kleidung den Wunsch nach Besitz und führt leicht dazu, daß andere Lebensformen zerstört werden. Die Schwetambara-Mönche tragen Kleider und glauben an die Erlösung dschainistischer Frauen; es gibt oft doppelt so viele dschainistische Nonnen wie Mönche.

Mahawira, der letzte der 24 Furtbereiter, war der größte Asket des Dschainismus. Nach seinem Entschluß zur Weltentsagung ging er nackt und kümmerte sich angeblich nicht um Schlaf, Reinigung, Hunger oder Durst. Die Mönche und Nonnen, die ihm auf seinem Weg zur Erlösung folgen, lösen alle Bindungen zur materiellen Welt. In den dschainistischen Schriften werden zehn Gründe für die Weltentsagung genannt – vom Ärger bis zur Erinnerung an frühere Leben –, also sollen Männer und Frauen nach der Initiation (*Dikscha*) den Weg der Askese gehen.

Der bekannteste Teil der Initiation ist die Zeremonie, bei der die Anwärter sich zum Zeichen der Askese und der Abwendung von der Sexualität das Haar ausreißen. Es gibt zwar dschaini-

DSCHAINISTISCHE TEMPEL

Westindien ist berühmt für seine zahlreichen Tempel, die wohlhabende dschainistische Händler den einzelnen Furtbereitern widmeten. Die dschainistischen Gemeinschaften betrieben den Tempelbau auch unter der Mogul-Herrschaft im 16. und 17. Jahrhundert. Ihre Tempel gehören zu den kostbarsten in ganz Indien.

Ranakpur (Rajasthan) ist einer der kostbarsten dschainistischen Tempel aus dem 16. Jahrhundert. Als wichtigstes Baumaterial diente weißer Marmor, besonders hervorstechend sind dabei die fein gearbeiteten Säulen (links) – insgesamt 1444 – und die auskragende Kuppel über dem Mittelraum vor dem Hauptschrein.

stische Berichte von Zeremonien, in denen sich nackte Mönche das Haar ausreißen, heute dagegen rasieren sich viele Anwärter vor der Initiation. Nach der rituellen Aufnahme in den Orden legt der Asket die fünf großen Schwüre ab und gelobt, sie auf rechte Weise zu halten. Als erstes schwört er völlige Gewaltlosigkeit: er darf künftig kein Lebewesen mehr töten, und er gelobt, jede Gewalt zurückzuweisen und zu bereuen. Diese Gewaltlosigkeit prägt das tägliche Leben stark; der Asket muß beim Gehen darauf achten, nicht unbedacht auf ein kleines Tier zu treten. Er muß jegliches Reden meiden, das Gewalt bewirkt oder fördert und muß auch im Denken sämtliche Elemente der Gewalt meiden. Beim Essen und Trinken muß er darauf achten, nicht irrtümlich ein Lebewesen zu verschlucken. Auch beim Abstellen der Bettelschale darf kein Tier zu Schaden kommen. Die Asketen tragen einen Besen, mit dem sie Insekten auf ihrem Weg wegschieben, eine Maske schützt sie vor dem Einatmen winziger Organismen. Sie dürfen kein Essen bereiten und nur gefiltertes Wasser trinken.

Die Furtbereiter

Im Dschainismus gibt es 24 *Tirthankaras* („Furtbereiter“) als historische Glaubenslehrer. Sie sind im Besitz vollkommener Weisheit (*Kewala*), da sie sich von allen weltlichen Bindungen lösten. Jeder *Tirthankara* war *Kschatrija*, ein Angehöriger der Königs- und Kriegerkaste, der auch Buddha (Siddhartha Gautama) entstammte. Mit Ausnahme von Parschwa und Mahawira, den letzten beiden *Tirthankaras*, sind sie Sagengestalten, die vor vielen Jahrtausenden lebten.

Das Erscheinen jedes *Tirthankara* war durch die Drehung des Lebensrades (*Avasarpini*) vorherbestimmt. Mit der Abwärtsbewegung des Rades beugt sich auch der Körper des *Tirthankara*, seine Lebensspanne läuft ab, seine Erdenzeit wird kürzer. Die frühen Furtbe-

Gommateshvara, der Sohn des ersten Furtbereiters Rishabha in Form einer riesigen Statue in Shravana Belgola in Südindien. Beim Mastakabhisheka-Fest wird die Statue im „goldenen Regen“ aus Milch, Safran und Büffelmilchbutter gebadet (oben). Die 18 Meter hohe Statue gehört zu den größten frei stehenden Denkmälern der Welt; ihre Proportionen erkennt man anhand des Gläubigen, der ihr Opfergaben zu Füßen legt (unten).

reiter waren äußerst langlebige Fabelriesen. Der erste, Rishabha, lebte angeblich Millionen Jahre, Mahawira hingegen nur ein normales Menschenleben lang.

Der letzte Furtbereiter, Mahawira, gilt als Gründer des modernen Dschainismus. Er lebte zur Zeit Buddhas und war dessen Konkurrent (S. 30–31). Die beiden haben viel gemeinsam: sie sind von vornehmer Abstammung (*Kschatrijas*) und zogen sich in etwa gleichzeitig aus der Gesellschaft zurück, um sich wandernden Asketen anzuschließen.

Ebenso wie Buddha predigte auch Mahawira die Erlösung von Verlangen, Leiden und Tod. Während Buddha jedoch einen Weg zwischen Luxus und Askese lehrte (S. 34–35), stand Mahawira für strenge Askese und völlige Weltentsagung. Mahawira gilt als der größte Asket des modernen Dschainismus, der „siegreichste Eroberer" von Geist und Körper.

Die Statue Gommateshvaras wurde im 10. Jahrhundert errichtet, sie ist eine bedeutende Kultstätte des Digambara-Dschainismus.

PARSCHWA

Der 23. *Tirthankara* lebte rund 250 Jahre vor der Geburt Mahawiras. Parschwa ist wegen des Erlangens der Allwissenheit bekannt. Er nahm „luftgekleidet" (nackt) die Yogaposition ein, in der man den Körper verläßt, sein Haar war zur Gänze ausgerissen. Da griff ihn der Dämon Meghamalin mit Erscheinungen, wilden Tieren, Finsternis, Sturm und Regen an, doch Parschwa blieb ungerührt. Der Dämonenkönig selbst näherte sich dann dem Asketen, doch der Schlangenkönig Dharanendra und seine Gefährtin Lakschimi kamen aus der Erde und schützten ihn, so daß der Dämon in Angst floh.

Parschwa sitzt unter dem Schlangenkönig. Palmblattmanuskript aus Gujarat aus dem 15. Jhd.

Das Karma des Dschainismus

Vergoldete Skulpturen im Tempel Kanch Mandir in Indore in Madhya Pradesh stellen dschainistische Furtbereiter dar, die durch „Verbrennen" der Last vergangener Karmas *Erlösung von der materiellen Welt erlangten.*

Das Faszinierendste am dschainistischen *Karma* ist, daß es etwas Stoffliches ist, eine Art feiner Staub der Seele, der diese an den Körper bindet. Es braucht viele Menschenleben, bis die Seele vom *Karma*-Staub befreit ist. Im Dschainismus ist die Seele (*Dschiwa*) lebendig und in allen Lebensformen enthalten, selbst in Pflanzen. Der *Dschiwa* ist ursprünglich rein und allwissend, wird aber durch die Bindung an den jeweiligen Körper mit *Karma* verunreinigt. Das Unbelebte – das auch stofflich sein kann – ist durch das Unbeseelte (*Adschiwa*) gekennzeichnet. Dazu gehören Raum und Zeit. Ziel des Menschen sind Selbsterkenntnis und Befreiung der Seele, wozu es vieler Wiedergeburten bedarf. Das dschainistische *Karma* ist die Folge böser Taten, vor allem von Gewalttätigkeit in Gedanken, Worten und Werken; wenn man solche Taten meidet, kommen keine neuen Karmateilchen hinzu. Das *Karma* aus

DIE ACHT KARMAS

Es gibt acht Formen des *Karma*, vier davon sind ungünstig. Das *Karma* der Täuschung (*Mohanija*) führt zu falschen Vorstellungen. Geistige und seelische Verwirrung entstehen durch das wissensverhüllende *Karma* (*Inanvaranija*). Ein drittes (*Darschanawaranija*) verdüstert Wahrnehmung und Glauben, das vierte (*Antaraja*) behindert die Seelenenergie.

Die anderen vier *Karmas* sind Gefühl (*Wedanija*), das zu Seelenglück führt, das Namenskarma (*Nama*) bestimmt künftige Wiedergeburten, das Lebenskarma (*Ajus*) die Lebensspanne des Menschen und das Clankarma (*Gotra*) den gesellschaftlichen Rang.

früheren Leben beseitigt man durch *Nijara* (strenge Askese und Abtötung) und Befolgung der „drei Edelsteine“: rechte Lebensführung, rechter Glaube und rechte Erkenntnis.

Im frühen Dschainismus hieß es, daß bei jeglicher Gewalt – auch unabsichtlicher – *Karma*-Staub entsteht. Im modernen Dschainismus haben Handlungen nur dann ungünstige Folgen im Sinn von *Karma*, wenn man sie ohne Achtsamkeit (*Pramada*) begeht.

Das Leben der dschainistischen Laien gilt als Vorbereitung für späteres Mönchtum und Askese. Unter Umständen gipfelt es im höchsten Zeichen der Entsagung, *Sallekhana* oder rituellem Hungern, wodurch die Seele im nächsten Leben auf einer höheren Stufe steht. Die Seele wird so lange wiedergeboren, bis kein neues *Karma* dazukommt und das vorhandene abgebaut wurde. Dann gelangt die reine Seele zur endgültigen Erlösung (*Mokscha*).

DIE HÖCHSTE TUGEND

Alle Lebensformen haben eine unerlöste Seele (*Dschiwa*), man muß daher allen mit Achtung und Mitgefühl begegnen. Die höchste dschainistische Tugend ist die Gewaltfreiheit (*Ahimsa*), das Meiden aller Taten, durch die ein Lebewesen zu Schaden kommen kann.

Tiere haben die gleichen Sinnesorgane wie Menschen, daher haben sie *Dschiwa* und fast menschliche Eigenschaften; sie können ihr Verhalten steuern und sich an frühere Leben erinnern. Dschainisten leben nicht nur streng vegetarisch, sie errichten auch eigene Ruhestätten zur Betreuung alter und kranker Tiere bis zu deren natürlichem Tod.

Auch die Pflanzen haben *Dschiwa*, sie reagieren wie der Mensch empfindsam auf ihre Umgebung und haben ein Bewußtsein. Dschainisten essen keine samenreichen Früchte und meiden Speisen und Getränke, die Veränderungen, wie etwa der Alkoholgärung, unterzogen werden. Bei der Berufswahl lassen sich die Laien von Gewaltfreiheit leiten, daher sind viele Dschainisten im Handels- und Finanzbereich tätig und oft sehr erfolgreich.

Mahatma Gandhi (S. 150–151) stammte aus Gujarat, dem Zentrum der dschainistischen Gemeinschaft seit dem 3. Jahrhundert n. Chr. Er war von der dschainistischen Gewaltfreiheit geprägt, die er später als politische Taktik einsetzte: bei seinen Bürgerrechtskampagnen hielt er sich an das Motto der Gewaltfreiheit als höchste religiöse Pflicht (*ahimsa paramo dharma*).

Dieser Schwetambara-Asket trägt eine Maske, damit er nicht unabsichtlich Kleinstlebewesen einatmet und damit tötet. Er trägt auch einen Wedel, mit dem er kleine Insekten auf dem Weg entfernt, um sie nicht zu zertreten.

Das Wesen Wischnus

Der Hinduismus ist vor allem für seine zwei großen Epen *Ramajana* und *Mahabharata* bekannt. In diesen außergewöhnlichen Erzählungen werden zwei Inkarnationen (*Awataras*) des Gottes Wischnu gefeiert. Ab ca. 500 v. Chr. entstand eine Reihe von Volksepen zum Thema Ehre, Liebe und Krieg, die von den Taten einer neuen Art Götter berichteten. Im Zuge der Entwicklung eines dynamischen Hinduismus in Verbindung mit ausgeprägter Götterverehrung und der Lehre vom uneigennützigen Handeln liefen diese Epen den *Weden* den Rang ab.

Aus diesen Epen, vor allem dem *Purana*, ging die hinduistische Dreiheit (*Trimurti*) hervor: der Schöpfer Brahma, der Bewahrer Wischnu und der Schöpfer und Zerstörer Schiwa. Wischnu und Schiwa sind wesentlich beliebter als Brahma; vor allem im *Ramajana* und im *Mahabharata* wird dem Wischnu-Kult gehuldigt. Das bis heute aufgeführte *Ramajana* handelt von der Geschichte Ramas, der siebten Inkarnation Wischnus. Ehre und Pflichtgefühl dieses Helden sind größer als seine Liebe zu der Heldin Sita. Das *Mahabharata* handelt vom Krieg zweier Dynastien. Es ist wahrscheinlich das längste je geschriebene Gedicht. Im Zentrum der Handlung steht die achte Inkarnation Wischnus, der durchtriebene Liebhaber und Taktiker Krischna, der beliebteste Gott des Hinduismus.

Krischna, die achte Inkarnation Wischnus, erfreut sich als Symbol für den Verehrungskult der klassischen Zeit Indiens anhaltender Beliebtheit. Diese Miniatur aus dem 19. Jhd. illustriert das Bhagawata-Purana *und zeigt ihn als Hirtengott, der die Herde vor dem Dämonen Aghasura schützt.*

Die Trimurti

Die verwirrende Vielzahl der ursprünglich 330 Millionen Gottheiten und Dämonen des hinduistischen Pantheon geht auf die wedischen Götter sowie die intellektuellen Reflexionen der *Upanischaden* und der Waldphilosophien zurück. Zwischen 4. und 12. Jahrhundert entstand jedoch eine beliebtere Religion auf der Basis des *Purana*, bei der die *Trimurti* von Brahma, Wischnu und Schiwa im Zentrum stand.

Brahma ist der personifizierte Schöpfer des Universums. Er ist der abstrakteste der drei Götter und wird oft als Verschmelzung des wedischen Schöpfergottes Prajapati und der unpersönlichen Vorstellung von *Brahman* (Gottheit) angesehen. Brahma bringt auch „Vielfalt in die Einheit“ und vermittelt zwischen den gegensätzlichen Gestalten Wischnu und Schiwa.

Der Bewahrer Wischnu schützt das *Dharma* (Rechtschaffenheit) und wacht über die Menschheit. Er ist ein Sonnengott, der auf der Seite des Guten kämpft und auf die Erde kommt, um den Menschen zu helfen. Seine berühmtesten Inkarnationen (*Awataras*) sind Krischna und Rama, die Helden des *Mahabharata* (S. 56–57) und des *Ramajana* (S. 52–53).

Die dritte Gestalt der *Trimurti* ist Schiwa („der Gütige“), er ist zugleich Zerstörer und Schöpfer sowie Gott des Yoga und wird als *Linga* (S. 66–67) verehrt, dessen Tanz zum Schlag seiner Trommel den Rhythmus des Universums darstellt. Er steht zugleich für Zerstörung und ist somit der widersprüchlichste Gott der *Trimurti*.

Wie das *Atman* (Seele) als Spiegel des *Brahman* gedacht wird, gilt die rasch wachsende Götterwelt des Hinduismus als Darstellung der zahlreichen Formen, die das *Brahman* annimmt, um in der Welt faßbar zu werden. Die hinduistischen Götter sind somit die sichtbare Seite der Gottheit. Im Unterschied zum *Brahman* handeln sie in dieser Welt, sie erhören Gebete, bekämpfen das Böse und zerstören Trugbilder (*Maja*). Jeder Gott ist ein Aspekt des *Brahman*, so daß die Gläubigen einen Gott zur besonderen Verehrung auswählen können.

Dieser persönliche Gott (*Ischta*) eines Gläubigen wird als Vertreter der Göttlichen verehrt. Jede Gottheit hat zwar bestimmte Eigenschaften und Kräfte, aber es gibt auch viele Gemeinsamkeiten. Für Hindus ist es nicht häretisch oder unlogisch, einen der Götter zum Herrn des Universums zu erklären.

*Wischnu erscheint in vielen Formen, am häufigsten in seinen zehn Inkarnationen (*Awataras*). Diese moderne Gipsstatue aus Tamil Nadu stellt die erste Inkarnation, den Fisch Matsja, dar.*

Die drei Götter der Trimurti *werden stets von Göttinnen begleitet. Diese Skulptur aus Rajasthan aus dem 12. Jahrhundert ist eine Darstellung der Gefährtin Brahmas, Sarasvati.*

BRAHMA

Der Schöpfergott Brahma ist ein bedeutender Gott des Hinduismus, wird aber selten verehrt; es sind ihm nur wenige Tempel geweiht. Schon im Mittelalter war er vermutlich wenig populär. Er schuf das Universum und wandte sich dann ab, seine Erhaltung überließ er Wischnu, dem Bewahrer. Vielleicht hat er deshalb so wenige Anhänger. Brahma wid oft mit vier bärtigen Gesichtern dargestellt, die in die vier Himmelsrichtungen blicken, seine vier Hände halten die vier Bücher der *Weden.* Die Köpfe tragen meist Kronen, er wirkt wie ein weiser, mitfühlender alter Mann. Manche Darstellungen zeigen ihn auf einer Lotosblume, die aus Wischnus Nabel wächst, denn er ist „lotosgeboren".

Brahma-Statue in einem Tempel in Halebid in Karnataka aus dem 12. Jahrhundert. Drei seiner vier Köpfe sind zu erkennen.

DIE PURANAS

Die *Puranas* („alte Erzählungen") sind wie die *Weden* heilige Schriften des Hinduismus. Sie entstanden zwischen dem 4. und dem 12. Jahrhundert n. Chr., ihr Ursprung ist aber viel älter. Sie werden dem Weisen Wjasa zugeschrieben, dem angeblichen Autor des *Mahabharata* (S. 56-57). Die *Puranas* enthalten zahlreiche mythologische Texte, aus denen die verwirrende Götterwelt und die Epen des späteren Hinduismus entstanden. Es sind darin ganze Dynastien aufgelistet, die auf den mythischen Stammvater der Menschheit Manu und die Götter und Helden des *Mahabharata* zurückgehen; dazu kommen Prophezeiungen künftiger Königshäuser.

Die Sprache der *Puranas* ist einfach, die Texte sind selten sehr mystisch, unverständlich oder schwer deutbar. Sie enthalten Aufzählungen heiliger Stätten und Pilgerreisen, Erklärungen der Kastenbeziehungen und Anweisungen für die bildliche Darstellung der Götter. Bedeutend sind sie vor allem, weil ihre Sprache auch für Frauen und Angehörige niederer Kasten verständlich ist; die Geheimlehre der *Weden* war den Männern der Brahmanenkaste vorbehalten.

Die acht Haupt-*Puranas* sind der *Trimurti* gewidmet. Sie behandeln den mythologischen Hintergrund vieler Göttererzählungen, aber auch den Ursprung abstrakterer theologischer Begriffe wie *Dharma*, *Karma* und das Wesen des *Atman*.

Wischnus Awataras

In den *Weden* kommt Wischnu selten vor, er ist der jüngere Begleiter des großen Gottes Indra. Als seine größte Leistung beschreiben die *Weden* das „Durchmessen" des Universums mit drei Riesenschritten, um es den Dämonen zu nehmen und den Menschen zu geben. Der Mythos erzählt von seiner Macht und Allgegenwart, bei späteren Autoren ist er mächtiger als Indra, am Ende mußte der wedische Götterkönig Wischnu um Hilfe bitten.

In den *Puranas* wird Wischnu als Herr des Universums und Schützer der Menschen dargestellt, seine Attribute sind Rad (*Tschakra*), Schnecke (*Schankha*), Keule (*Gada*) und Lotos (*Padma*). Seine Gefährtin Lakschmi ist die schöne Göttin des Wohlstands, des Glaubens und der Liebe, sie sitzt auf einer Lotosblüte.

Am bekanntesten ist Wischnu aber aufgrund seiner *Awataras*, der Inkarnationen, in denen er der Menschheit im Kampf gegen die Finsternis beisteht. Er hatte 28 *Awataras*, als die wedischen Gottheiten in die späteren Epen Eingang fanden, ab dem 8. Jahrhundert n. Chr. waren dann zehn *Awataras* allgemein anerkannt. Die ersten drei sind der Fisch Matsja, die Schildkröte Kurma und der Eber Waraha. Diese Fabelwesen stammen aus den Weltentstehungsberichten der *Weden* und hatten ursprünglich nichts mit Wischnu zu tun. Die vierte Inkarnation, Narasimha, ist ein Mannlöwe, der die Welt von einem schrecklichen Dämonen rettet. Die fünfte ist der Zwerg Wamana, der das Universum mit drei Schritten durchmißt und es den Menschen gibt. Hier besteht ein eindeutiger Zusammenhang mit Heldentaten der *Weden*, die Wischnu zugeschrieben werden.

Die sechste Inkarnation ist Parashurama, „Rama mit der Axt", der viele hochmütige Adelige und Krieger tötet. Seine Aufnahme in die Götterwelt könnte auf Zwietracht zwischen den *Brahmanen* und den *Kschatrijas* hindeuten, die beide nach Macht und Einfluß strebten. Die nächsten beiden *Awataras* sind Rama und Krischna, die strahlenden Helden des *Ramajana* (S. 52–53) beziehungsweise des *Mahabharata* (S. 56–57). Auf sie geht Wischnus Ruf als Herrscher und gütiger Beschützer der Menschheit zurück. Die neunte Inkarnation ist Buddha, trotz aller Rivalitäten zwischen Hindus und Buddhisten. Die Anerkennung Buddhas in diesem Zusammenhang zeugt von der Fähigkeit des Hinduismus, ursprünglich konkurrierende Kulturen und Lehren aufzunehmen und umzugestalten. Die letzte Inkarnation Wischnus ist Kalki, der am Ende dieses Weltzeitalters kommt, um die Bösen zu bestrafen und das Universum dem *Brahman* zurückzugeben.

GARUDA

Wischnus Reittier ist der Adler Garuda. Wie Nandi, der Stier Schiwas, wird auch Garuda selbst als Gott angerufen, um der Menschheit gegen Dämonen beizustehen. Garudas größtes Geschenk an die Menschen ist *Soma*, der Trank der Unsterblichkeit.

Garuda eilt mit den bewaffneten Awataras *Wischnus auf dem Rücken den Menschen zu Hilfe. Illustration aus dem 18. Jahrhundert.*

Das Portal des Swaminarajana-Tempels ist mit den zehn Awataras *Wischnus bemalt, darunter auch Krischna mit einer Lotosblume, flankiert von einer Kuh, einem Affen und einem Engel.*

Das Ramajana

Das *Ramajana* ist ein berühmtes, in Sanskrit verfaßtes episches Gedicht, durch das eine volksnähere, götterverehrende Religion entstand. Es stammt aus der etwas weniger vornehmen Kaste der *Kschatrijas* und enthält daher nicht so viele Elemente der brahmanischen Opferrituale. Auch heute wird es gern für die Glaubensunterweisung eingesetzt und in diesem Zusammenhang öffentlich gelesen oder aufgeführt.

Der Hauptteil des Gedichts ist eine weltliche Erzählung aus dem 4. Jahrhundert v. Chr. und wurde von Barden am Königshof vorgetragen. Im Lauf der Jahrhunderte erhielt sie immer mehr religiöse Elemente, und aus dem kriegerischen König Rama wurde ein Kriegsgott. Seit dem 4. Jahrhundert n. Chr. gilt Rama als siebte Inkarnation des Hindugottes Wischnu.

Es besteht jedoch eindeutig ein Zusammenhang zwischen dem *Ramajana* und der wedischen Religion. Die Brahmanenpriester werden in den Versen besungen, das Pferdeopfer (S. 17) spielt in der Erzählung eine wichtige Rolle. Wie die *Weden* (S. 16–17) und das *Mahabharata* (S. 56–57) gilt auch das *Ramajana* als göttliche Offenbarung: dem Autor Walmiki wurde die Erzählung angeblich während der Meditation über das *Mantra* „Ram“ zuteil. Walmiki selbst kommt in der Einleitung zum Haupttext vor, sein Leben nimmt dabei mythische Züge an. Der Legende zufolge zog er sich in den Wald zurück, wo er 1000 Jahre lang völlig regungslos meditierte, so daß sein Körper unter einem Ameisenhügel (*Walmika*) begraben wurde. Daher kommt sein Name, „Sohn des Ameisenhügels“.

Das ursprüngliche Gedicht ist zwar ein weltlicher Text, beim Erzählschema zeigen sich jedoch deutliche Einflüsse vor allem wedischer Elemente. Auf den ersten Seiten etwa wird Rama oft mit dem glorreichen wedischen Sonnengott Indra und dem Kampf gegen das Böse in Verbindung gebracht. Wie Indra ist auch Rama ein hervorragender Krieger, und im Gegensatz zum unsicheren Ardschuna des *Mahabharata* zögert er nicht, zum Bogen zu greifen; er unterscheidet sehr klar zwischen Gut und Böse.

In Ramnagar bei Varanasi versammelt sich die Menge zur zehntätigen Ramalila-*Aufführung.*

RAMALILA

Beim Dasahra-Fest wird Ramas Sieg über Rawana und sein Dämonenheer gefeiert. Während eines neuntägigen Fastens wird in ganz Indien die Erzählung von Rama und Sita vorgetragen, zum Abschluß wird sie mit Musik, Tanz und Kostümen aufgeführt (*Ramalila*). Den Höhepunkt bildet die Rettung Sitas, große Statuen Rawanas, seines Bruders und seines Sohnes werden mit Feuerwerkskörpern gefüllt, durch die Straßen getragen und dann entzündet, so daß sie in bunten Farben explodieren.

Die bemalte Papierstatue aus Delhi stellt den Dämonenkönig Rawana, den größten Feind Ramas, dar.

RAMA UND SITA

Die in der *Ramajana* beschriebenen Taten Ramas sind vom *Dharma* bestimmt, dem unausweichlichen Gesetz, dem der Kosmos und die Gesellschaft unterstehen. Im *Ramajana* geht es nicht nur um kriegerischen Erfolg, sondern auch um ethisch-moralische Grundwerte, Anweisungen für das Regierungwesen und das Verhalten der Menschen zueinander.

Rama ist eine idealisierte Gestalt, ein vollkommener König, Krieger und Gatte. Das Epos beginnt mit seiner Geburt als ältester Sohn des gütigen Königs Dasharatha. Er bekommt Sita, das Sinnbild der Reinheit, zur Frau. Doch kurz vor der Thronbesteigung wird den beiden die Herrschaftsnachfolge versagt, Ramas Vater schickt sie in ein 14 Jahre dauerndes Exil. Rama befolgt das Gesetz des *Dharma* und gehorcht dem Vater. Erst nach Ablauf der 14 Jahre kehrt er zurück. Mit Sita durchstreift er die Wildnis und erfüllt seine Kastenpflichten, indem er Einsiedler vor Dämonen schützt. Der größte Dämon, Rawana, entführt Sita und bringt sie nach Lanka (Sri Lanka). Der treue Rama sucht sie jahrelang. Am Höhepunkt der Erzählung wird Sita befreit, als Rama und sein Verbündeter, der Affe Hanuman, die Hauptstadt des Dämonenreichs zerstören. Die Liebenden sind vereint, aber Rama stellt das *Dharma* über seine persönlichen Interessen, am tragischen Ende des Epos verbannt er Sita. Er weiß zwar um ihre Reinheit, aber das *Dharma* eines Königs besagt, daß ihr Zusammensein mit einem anderen Mann ihn entehrt. Die ergebene Sita bittet die Erde, sie zu verschlingen. Rama trauert um sie, bis er sich selbst dem Todesgott opfert.

Szenen aus dem Ramajana *sind häufige Themen der indischen Miniaturmalerei, etwa Rama und Sita im Exil, zu ihren Füßen kniet Hanuman (oben), links eine kraftvolle Darstellung der Belagerung von Lanka. Ausschnitt aus einem Mogul-Gemälde auf Papier aus dem frühen 17. Jahrhundert.*

Hanuman

Hanuman, der heldenhafte Affe des *Ramajana*, ist Ramas treuester Anhänger. Er verkörpert *Bhakti* (Hingabe) und gibt sein Leben freudig seinem Gott hin. Er ist der Sohn Wajus, des wedischen Windgottes, von dem er die Kraft des Wirbelsturms und die Fähigkeit zu fliegen erhielt. Als besonders vielseitiger epischer Kriegsheld kann er auch jede beliebige Gestalt annehmen. Dem *Ramajana* zufolge wurde er nach seiner göttlichen Geburt von Jahr zu Jahr stärker und klüger, besiegte örtliche Dämonen und bösartige Elefanten und wollte sogar die aufgehende Sonne ergreifen, die er für einen Apfel hielt. Eines Tages versteckten sich Hanuman und sein Meister Sugriwa, der Affenkönig im Exil, im Wald und trafen dort Rama und seinen Bruder Lakschmana. Rama erzählte von der Entführung seiner Frau Sita durch den Dämonen Rawana und daß er auf der Suche nach ihr sei. Tief bewegt erkannte Hanuman, daß das Schicksal ihn als Diener Ramas auserkoren hatte, und sammelte eine Armee um sich.

Die Affenarmee konnte Rawana und Sita nicht finden, doch Hanuman entdeckte Rawanas Versteck in Lanka. Er nahm die Gestalt eines gewöhnlichen Affen an, um den Heerscharen mächtiger Dämonen zu entkommen und in Rawanas prächtigen Palast zu gelangen.

Er fand Sita, die, von Dämonen umgeben, betrübt im Garten saß. Hanuman verließ sein Versteck, um sie zu trösten. Beim Anblick eines sprechenden Affen fiel sie in Ohnmacht, doch ein Ring Ramas, den Hanuman

Ein maskierter Spieler stellt bei einer Aufführung von Szenen aus dem Ramajana *Hanumans Heldentaten dar.*

mitgebracht hatte, gab ihr Zuversicht. Hanuman erzählte seine Geschichte und sagte, daß Rama ohne sie untröstlich sei. Er bot Sita an, sie auf den Rücken zu nehmen und wegzufliegen, doch Sita lehnte aus Achtung vor ihrem Mann ab, da dieser entehrt wäre, wenn ein anderer sie rettete.

Als Vorbereitung auf den bevorstehenden Kampf verhöhnte Hanuman den Dämonenkönig, zerstörte die Stadtmauern und vernichtete Tausende Wächterdämonen. Zur Rache setzte der König Hanumans Schwanz in Brand. Hanuman nahm riesenhafte Gestalt an, rannte mit dem brennenden Schwanz durch die Stadt und entzündete viele Gebäude. Dann kehrte er zu Rama zurück und erzählte von Sita. Hanuman und die Affenarmee zerstörten Lanka und den Dämonenkönig, Sita und Rama waren vereint.

Als der Guru Ramananda im 14. Jahrhundert n. Chr. den Hingabekult *Bhakti* aus Südindien nach Norden brachte, wurde Hanuman eine wichtige Gottheit. Die Anhänger Ramanandas huldigen Rama als oberstem Gott und Hanuman als seinem treuen Gefährten. Da Hanuman in verschiedenen Gestalten auftreten kann, wird er von der *Bhakti*-Bewegung auch als mächtiger Magier und *Siddha* (Meister über Zauberkräfte) verehrt.

Die Schlacht zwischen Rama und dem vielköpfigen Dämonen Rawana; Hanuman ist bereit, zuzuschlagen. Stich aus dem 18. Jahrhundert.

DAS HERZ HANUMANS

Im letzten Kapitel des *Ramajana* wird Hanumans Treue zu Rama näher beschrieben. Die Affenarmee feiert den Sieg über Lanka und will von Ramas Palast nach Hause zurückkehren. Nur Hanuman bleibt und erklärt, er müsse Rama und seiner Königin Sita dienen. Der Affenkönig Sugriwa möchte einen Beweis für Hanumans Ergebenheit, worauf sich der treueste aller Diener die Brust aufreißt. Im Inneren trägt er das Bild von Rama und Sita.

Hanuman reißt sich die Brust auf, in der er das Bild Ramas und Sitas trägt. Moderne Gipsstatue.

Das Mahabharata

Der Kampf der Prinzen, eine Episode aus der Mahabharata, *dargestellt auf einem modernen Gemälde.*

Das *Mahabharata* („großes Epos der Bharata-Dynastie") hieß ursprünglich *Jaja* („Sieg"). Es hat über 100 000 Strophen und ist daher vermutlich das längste je verfaßte Gedicht. Zusammen mit dem *Ramajana* (S. 52–53) bildet es die beiden großen Epen des Sanskrit. Die ältesten Teile entstanden im 4. oder 3. Jahrhundert v. Chr., doch bis zur Fertigstellung am Ende der Gupta-Zeit im 4. Jahrhundert n. Chr. wurden zahlreiche Ergänzungen angefügt. Das Epos geht auf viel ältere Quellen zurück; einige Geschichten waren schon 1000 v. Chr. bekannt. In den frühen Texten kommt etwa der wedische Sonnengott Indra wiederholt vor, der im 4. Jahrhundert v. Chr. kaum mehr als eine Gestalt aus Volkssagen war.

In dem Epos ist Krischna (S. 62–63) der Anführer des Volkes und Verbündeter der Pandawa-Dynastie. Er ist nicht so sehr ein Gott als vielmehr ein übermenschlicher Krieger an der Seite der Pandawas. Allmählich wandelt er sich aber und wird zum göttlichen Lehrer der Menschheit.

Der Legende zufolge diktierte Wjasa das gesamte *Mahabharata* dem elefantenköpfigen Gott Ganescha (S. 72–73), der sich nur zum Niederschreiben bereit erklärte, wenn das Epos ohne Unterbrechung erzählt würde. So schnell Wjasa auch sprach, Ganescha hielt Schritt. Als der Schreibstift kaputtging, brach er einen Stoßzahn ab und schrieb damit weiter, um nur den Fluß der heiligen Worte nicht zu hemmen. Die dichteren, philosophischeren Abschnitte sind offenbar Versuche, das Tempo zu verringern und den Gott zum Nachdenken zu zwingen, wenn die Bedeutung nicht klar ersichtlich war.

Das Hauptstück des *Mahabharata* handelt von der Pandawa- und der Kaurawa-Dynastie. Die beiden Rivalen sind Cousins, die Söhne der beiden Söhne Wjasas: der blinde Dhritaraschtra und der fromme Pandu. Dhritaraschtra ist der ältere, doch da er blind ist, wird Pandu König. Die fünf Söhne Pandus sind der rechtschaffene älteste Sohn Judhischthira, der ungeheuer starke Bhima, der geschickte Krieger Ardschuna und die Zwillinge Nakula und Sahadewa. Dhritaraschtra hat 100 Söhne, der älteste ist der hinterlistige Durjodhana.

Nach Pandus Tod nimmt der blinde, aber wohlwollende Dhritaraschtra Pandus Söhne im Palast auf. Er teilt das

Königreich zwischen Judhischthira und Durjodhana auf. Durjodhana ist eifersüchtig, weil sein Vater dem Cousin so zugetan ist und vor allem, weil die Pandawa-Dynastie soviel Land erbte. Durch List und Verschlagenheit treibt er die Pandawas ins Exil. Erst nach 13 Jahren können sie wieder Anspruch auf den Thron erheben. Daher kommt es zu einem schrecklichen Krieg, durch den das gesamte Geschlecht bis auf einen letzten Stammhalter ausgerottet wird. Dieser Krieg bildet den Hintergrund der *Bhagawadgita*.

WJASA

Der legendäre Verfasser des *Mahabharata*, der Weise Wjasa (sein Name bedeutet im Sanskrit „der Zusammenstellende"), erklärte prahlerisch, „was man hier nicht findet, ist nirgends vorhanden". Er gilt als Sohn des Asketen Parasara und der Dasa-Prinzessin Satjawati. Er wird oft der „Homer des Ostens" genannt (wenn ihm auch viel mehr zugeschrieben wird als dem griechischen Poeten). Angeblich verfaßte er das gesamte *Mahabharata* und alle 18 *Puranas* (S. 49) sowie die vier Bücher der *Weden*.

Nach Meinung vieler Autoren ist Wjasa der Sammelname zahlreicher *Brahmanen*, die jahrhundertelang an dem Text arbeiteten, aber er kommt auch in der Erzählung vor – als Vorfahr der Hauptpersonen, der rivalisierenden Dynastien der Söhne der Finsternis und der Söhne des Lichts. Wjasa selbst erscheint in der Erzählung wiederholt als Ratgeber oder Tröster.

Der bärtige Seher Wjasa diktiert dem elefantenköpfigen Gott Ganescha das Mahabharata, *über ihm befindet sich Durga, unter ihm Brahma. Manuskript aus dem 18. Jahrhundert.*

Bhakti

Krischnas Liebe zu Radha als Symbol der Bhakti-*Verehrung, dargestellt in einem Gemälde aus dem 19. Jahrhundert.*

Bhakti (im neueren Sanskrit „ehrfürchtige Hingabe“) war eine Bewegung, in der die liebevolle Zuwendung der Gläubigen zu einem persönlichen Gott im Vordergrund stand. Es bestand eine dualistische Beziehung zwischen Gott und Gläubigen. Zwar werden alle wichtigeren Götter des Hinduismus kultisch verehrt, doch mit *Bhakti* meint man vor allem die Verehrung Krischnas, der Inkarnation Wischnus. In der *Bhagawadgita* (S. 60–61) lehrt Krischna den *Bhakti*-Yoga (Weg der Hingabe); er steht über allen anderen Pfaden zur Erlösung durch *Karma* (rituelle Handlungen) und *Jnana* (spirituelles Wissen).

Die *Bhakti*-Bewegung breitete sich von Südindien nach Norden aus und erreichte zwischen 500 und 1500 n. Chr. ihren Höhepunkt. Ihr Hauptmerkmal ist die intensive, gefühlsbetonte Verehrung in persönlicher Liebe. Die *Bhakti*-Gruppen stellten sich gegen den abgehobenen Stand der *Brahmanen* und ihre ausgefeilten Rituale, für die Sanskrit-Kenntnisse nötig waren. Sie lehnten die Rolle der Priester als Mittler zwischen Gott und Mensch ab und lehrten, daß jedem Menschen unabhängig von Kaste und Geschlecht göttliche Gnade zuteil werden kann. Die *Bhakti*-Gelehrten füllten die Tempel Südindiens, während *Bhakti*-Jünger in Gruppen durch das Land reisten, Schreine aufsuchten und mit den örtlichen Gelehrten diskutierten.

Alle *Bhakti*-Sekten glauben an göttliche Gnade und ekstatische Liebe. *Bhakti*-Poeten behandelten ähnlich wie christliche Theologen die Themen Schuld und das Streben nach Vergebung. Wie im Neuen Testament kann sich im *Bhakti*-Kult die Gottesliebe in der Liebe zum Nächsten ohne Ansehen des Standes zeigen. Anders als im Christentum können auch Frauen Priesterinnen sein.

Die *Bhakti*-Anhänger sind Gegner des Buddhismus und Dschainismus; durch sie beschleunigte sich deren Niedergang in Südindien ab dem 10. Jahrhundert. Das Vordringen des Islam ins Gangesbecken ab dem 12. Jahrhundert förderte paradoxerweise die *Bhakti*-Bewegung, denn der ritualisierte Hinduismus der *Brahmanen* konnte ohne Unterstützung durch den Herrscher nicht so leicht weiterbestehen wie die *Bhakti*-Sekte. Ihr Verehrungskult färbte sogar auf den Islam ab. In einigen moslemischen Gedichten findet man am Anfang wie üblich eine Anrufung Allahs, nach der aber Krischna als mohammedanischer Prophet angeführt wird.

DIE LINGAJATS

Die Lingajat-Sekte wurde im 12. Jahrhundert von Basawa, einem schiwaitischen *Brahmanen*, gegründet, der sich im Alter von 16 Jahren von der Priesterkaste abwandte und sich für soziale Gleichheit einsetzte. Er hielt es nicht für notwendig, daß Priester zwischen Schiwa und den Gläubigen vermitteln. Basawa lehrte seine Anhänger einen kleinen *Linga* um den Hals zu tragen, um so Schiwa direkt zu verehren. Daher der Name Lingajats. Basawa lehnte die Autorität der *Weden* ab und erklärte, daß heilige Texte nutzlos seien, wenn sie nicht zu einer persönlichen Gotteserfahrung führten. Er heiratete zwei unberührbare Frauen, trat für gleiche Rechte der Frauen und die Aufhebung der Kastenschranken ein. Die Heirat einer *Brahmanentochter* mit einem Unberührbaren veranlaßte einen lokalen König, die Anhänger Basawas zu verfolgen, was zu einer Rebellion führte, bei der Basawa getötet wurde.

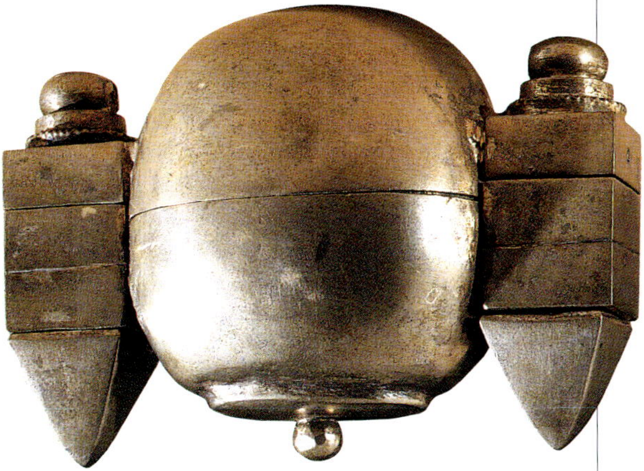

*Mitglieder der Lingajat-Sekte, die Schiwa verehren, tragen silberne Behälter mit Miniatur-*Lingas *um den Hals.*

Das Studium der Hl. Schriften als Bhakti-*Handlung.*

DIE ALWAREN

Zwölf Alwaren (Wischnuitische Heilige) gelten als Gründer des wischnuitischen *Bhakti* in Südindien. Ihre Gesänge an Wischnu sind äußerst gefühlsbetont. Die meisten der über 4000 Hymnen komponierten die Alwaren Tirumangai und Nammalvar. Der Alwarenkönig Kulashekhara liebte Rama so sehr, daß er eine Armee zur Befreiung der Göttergefährtin Sita von den Dämonen organisierte.

Bhakti *findet in der Regel in der Anbetung der Tempelgötter Ausdruck. Dieser Gläubige gab in Tirupati in Andhra Pradesh als Zeichen der Verehrung sein Haar hin.*

MADHWA

Madhwa ist einer der radikalsten Dualismus-Philosophen des 13. Jahrhunderts. Er verfaßte Kommentare zum *Brahmasutra* und zur *Bhagawadgita* und lehnte die Vorstellung von der trügerischen Realität (*Maja*) ab, was für einen Hindu sehr ungewöhnlich ist. Er behauptete, daß die materielle Welt zwar vergänglich, aber real sei, und glaubte an Erlösung und ewige Verdammnis. Hier könnte ein Einfluß nestorianischer Christen vorliegen, auch sein Leben hat viele Parallelen zum Leben Jesu und zu seinen Wundern.

Die Bhagawadgita

In dieser modernen Ausgabe der Bhagawadgita *ist der Krieger Ardschuna abgebildet, dem Krischna seine große Predigt hielt.*

Die *Bhagawadgita* („Gesang Gottes") gehört zu den wichtigsten und bekanntesten religiösen Texten Indiens, auch wenn sie kein von Gott geoffenbarter Text (*Schruta*) im engeren Sinn ist. Sie ist ein relativ kurzer Abschnitt des *Mahabharata*, eine Art Dialog aus 700 Versen in 18 Kapiteln.

Am Anfang stehen zwei Armeen einander auf dem „Feld des *Dharma*" gegenüber; auf jeder Seite sind Zehntausende schreckliche Krieger, Götter, Dämonen und Riesen mit übernatürlichen Waffen versammelt. Es sind die Armeen der Pandawas und der Kaurawas, angeführt von zwei rivalisierenden Cousins und Thronanwärtern. Der glorreichste Kämpfer ist Ardschuna. Seinen Streitwagen fährt Krischna, der Herr des Universums (S. 62–63), hinter Ardschuna stehen Legionen mächtiger Verbündeter, die bereit sind, für ihn zu kämpfen.

Als die Trompete zum Kampf geblasen wird, blickt Ardschuna zur feindlichen Armee hin und wird von Furcht gepackt. „Wenn Lehrer, Väter, Söhne … vor mir stehen, warum sollte ich da den Wunsch haben, sie zu töten, selbst wenn sie sonst mich töten? … Ich bin nicht bereit, mit ihnen zu kämpfen, nicht einmal, wenn ich dafür die drei Welten bekäme", spricht der Krieger zu Krischna. „Wie können wir glücklich sein, wenn wir unsere eigenen Verwandten töten?" Dann verstummt er. Krischna lächelt und spricht die Verse der *Bhagawadgita*.

Zuerst appelliert er an Ardschunas Ehre und seine *Dharma*-Pflichten als *Kschatrija* (S. 25). Er sagt ihm, „daß es keine bessere Beschäftigung gibt, als auf der Grundlage religiöser Prinzipien zu kämpfen", und fügt hinzu, daß er sich nicht um das Unausweichliche sorgen müsse: „Du hast das Recht, deine vorgeschriebene Pflicht zu erfüllen, aber du hast keinen Anspruch auf die Früchte des Handelns. Halte dich nie-

DIE DREI PFADE

Der Pfad des Handelns (*Karma*-Yoga), wie Krischna ihn Ardschuna lehrte, als dieser vor dem Kampf zurückschreckte, ist nicht der einzige Weg zum *Brahman*, der in der *Bhagawadgita* vorgestellt wird. Bei den Menschen, die sich durch das Leben kämpfen, ist er aber besonders beliebt. Mahatma Gandhi ist nur eine der vielen Persönlichkeiten des 20. Jahrhunderts, die sich davon angesprochen fühlten. Die anderen zwei Pfade sind die Disziplin des Wissens (*Jnana*-Yoga), wo man – ähnlich wie im Buddhismus – durch Askese und meditative Zurückgezogenheit Erlösung sucht, sowie die Hingabe an Gott (*Bhakti*-Yoga), die höchste Form des Yoga. Dabei verehrt das demütige Selbst Gott, es hofft weniger auf Erlösung von der Wiedergeburt als auf die Erkenntnis Gottes. Gott zeigt sich dafür den Gläubigen gnädig, wodurch sie die irdischen Fesseln abstreifen können. Gemeinsam ist den drei Pfaden der Glaube, daß Gott sich in jeder Einzelheit des Lebens zeigt, auch in der Natur und der Gesellschaft.

mals für die Ursache der Ergebnisse deiner Tätigkeiten." Doch Ardschuna hat noch immer Zweifel. Er will seine Verwandten nicht töten. Erneut versinkt er in Mutlosigkeit. Krischna antwortet mit einem der bekanntesten Absätze der *Bhagawadgita*: „Niemand ist imstande, die unvergängliche Seele zu zerstören. Weder derjenige, der denkt, daß er tötet, noch derjenige, der denkt, er werde getötet, kennt die Wahrheit, denn das Selbst tötet nicht und wird auch nicht getötet. Die Seele kann weder von Waffen zerschnitten noch von Feuer verbrannt … werden. Daher brauchst du um kein Geschöpf zu trauern."

Krischna beschreibt damit das *Atman* (S. 24–25) in jedem Menschen und verweist auf einen neuen Weg zur Erlösung der Seele vom Kreislauf der Wiedergeburt: das Handeln, die Disziplin des *Karma*-Yoga (S. 86). Im Gegensatz zum buddhistischen und dschainistischen Weg der Askese und Entsagung ist das ein Yoga des aktiven Handelns, ein Weg zum *Brahman* (Göttlichkeit), den jeder beschreiten kann, auch wenn er in weltliche Belange verstrickt ist. Krischna erklärt, daß nicht die Handlungen an sich zur Wiedergeburt führen, sondern die ihnen zugrundeliegenden eigennützigen Interessen.

In der *Bhagawadgita* sind Taten nicht mehr die einzige Ursache des *Karma*. Krischna lehrt Ardschuna einen Yoga, der über das Ablegen von Verlangen zur Erleuchtung führen kann. Für einen erleuchteten Geist spielen Freude und Schmerz, Gewinn und Verlust keine Rolle. Krischna fordert Ardschuna auf, sich zum Kampf zu rüsten, denn „man muß seine Arbeit Wischnu als Opfer darbringen". So kehrt Ardschuna in die Welt des Kampfes zurück. Sein Weg wurde seither für Millionen Hindus zum Vorbild.

Ardschuna und Krischna auf dem Schlachtfeld, Krischna wendet sich um und hält seine berühmte Predigt, die Bhagawadgita. *Manuskript aus dem 19. Jahrhundert.*

Krischna

Der Legende zufolge hebt Krischna den Berg Govardhan hoch, um die Herde vor Indras Unwettern zu schützen. Skulptur auf einem Wandpaneel in einem Tempel aus dem 12. Jahrhundert im südindischen Halebid.

Krischna ist der freundlichste und zugänglichste der großen Götter des Hinduismus. Er steht auf der Seite der Menschen, er hilft seinen Freunden ohne Wenn und Aber und ist als Widersacher sehr gerissen. Als achte Inkarnation Wischnus wurde er auf die Erde gesandt, um gegen das Böse und für das Gute zu kämpfen, wann immer das *Dharma* (Rechtschaffenheit) von den Mächten der Finsternis bedroht wird.

Die ersten Hinweise auf die Krischna-Verehrung in Indien finden sich in Texten und Kultgegenständen des 4. bis 2. Jahrhunderts v. Chr. Der Krischna dieser Zeit ist Krischna Wasudewa, der wahrscheinlich wirklich gelebt hat und in Dwaraka geboren wurde. Seine Heldentaten machten ihn zu einem ruhmreichen Krieger und Oberhaupt des örtlichen Jadawa-Clans, dessen Gebiet sich durch Krischnas wachsendes Ansehen ausweiten ließ. Der Held des Jadawa-Clans wurde vermutlich der Anführer eines religiösen Kults und als Bhagawad („der Gesegnete") vergöttlicht. Der Name *Bhagawadgita* geht darauf zurück.

BALARAMA

In der frühen Krischna-Verehrung wurde dessen ganzer Familie gehuldigt. Die zweite Hälfte des *Hariwamsa*, der „Chronik des Hari" (ein anderer Name für Krischna), handelt von den Taten seiner Nachkommen. Krischnas Geschwister spielen in den späteren Wischnu-Kulten eine wichtige Rolle. Nur sein Bruder Balarama wußte von den böswilligen Zügen Krischnas. Balarama war ursprünglich ein Gott der Landwirtschaft und wurde mit Pflügen und Fruchtbarkeit in Verbindung gebracht.

ZENTREN DER KRISCHNA-VEREHRUNG

Der Krischna-Kult ist in ganz Indien verbreitet, die heiligen Schreine findet man aber vor allem im Norden (s. Karte unten). Den Besuchern der Schreine werden Krischna-Bilder und -Plakate (s. Bild unten) zum Kauf angeboten, sie werden nach der Rückkehr an Freunde und Verwandte verschenkt.

Im *Mahabharata* und vor allem in der *Bhagawadgita* ist Krischna oft ein idealer Verbündeter, ein hervorragender Kämpfer und treu bis zuletzt. Manchmal handelt Krischna aber auch mutwillig, skrupellos und betrügerisch. Er besiegt nicht nur menschliche Feinde, auch die wedischen Gottheiten Indra und Waruna, ja selbst Schiwa ist ihm unterlegen. Je angesehener Krischna in den ersten nachchristlichen Jahrhunderten wurde, desto öfter wurden ihm die Taten anderer Gottheiten zugeschrieben. Er entkam etwa bei seiner Geburt seinem Onkel, der den Tod aller Neugeborenen angeordnet hatte. Bei der Rettung Krischnas teilten sich die Wasser des Flusses Juma, so daß er in einem Korb in Sicherheit gebracht werden konnte. Diese Begebenheit weist eindeutige Parallelen zu Moses und Jesus auf. Krischna ist der wichtigste Gott der *Bhakti*-Bewegung und gilt als Verkörperung göttlicher Liebe.

Krischna als Herr über den Schlangendämon Kaliya. Bronzestatue aus dem 10. Jahrhundert.

DIE ENTFÜHRUNG DER GOPIS

Krischnas Entführung der *Gopis*, der Frauen und Töchter der Kuhherden, ist in ganz Indien ein beliebtes Thema der Volkskunst. Die Geschichte handelt davon, daß Krischna zur Zeit des Novembervollmonds an seinen Lieblingsort im Wald ging und dort Flöte spielte. Die süßen, göttlichen Klänge waren im Dorf zu hören und betörten die *Gopis*, so daß sie voller Verlangen der Musik folgten. Sie begannen wie von Sinnen in großer Leidenschaft zu tanzen, so daß selbst die Götter und die Toten auf die Erde kamen, um ihnen zuzusehen. Im *Brahmawaiwarta Purana* wird der Ort als üppig bewachsene Lichtung voll reifer Früchte und Bienengesumm beschrieben. Unter den 900 000 *Gopis* befand sich „wie ein Juwel unter ihren Gefährtinnen" Radha. Krischna war von Liebe überwältigt, er ließ die Flöte sinken, und selbst die Kleider fielen ihm vom Leib. In dem 33 Tage dauernden Tanz verführte er alle *Gopis* und hielt dabei Radha stets in den Armen.

Krischna, der für die Gopis *und die Kuhherde Flöte spielt, ist ein beliebtes Sujet indischer Miniaturmalereien.*

Bei der Aufführung der Geschichte von Krischna und Radha sind die Darsteller meist Jungen. Das Bild zeigt eine Aufführung in Brindavan in Nordindien, wo Krischna viele Heldentaten vollbrachte.

Schiwa und die Göttin

Während Wischnu in seinem Kampf für das Gute geradlinig und leicht faßbar ist, gehört Schiwa zu den widersprüchlichsten Gottheiten der Welt. Er steht für den Phallus, sein Glied ist ständig erigiert, aber er vergießt seinen Samen niemals. Er ist der Gott der Einäscherungsstätte und zugleich Fortpflanzungssymbol, der Inbegriff der stummen Macht asketischer Konzentration und zugleich der Sturmwind der Veränderung.

Als Gott des Yoga transzendiert Schiwa die trügerische Realität. Während Wischnu in verschiedenen Inkarnationen der Welt zu Hilfe kommt, bleibt Schiwa fern und wird entweder bei der Meditation an den entlegensten Orten des Himalaya oder abstrakt als das Phallussymbol *Linga* dargestellt. Schiwas Macht (*Schakti*), aktiv zu handeln, wird von Frauengestalten, seinen Gefährtinnen Sati und Parwati, sowie den Göttinnen der Zerstörung, Kali und Durga, verkörpert. Diese Frauen sind wiederum Verkörperungen der großen Göttin Dewi.

Parwati ist die Tochter des Himalaya, die Erzählungen ihres mythologischen Lebens mit Schiwa gehen daher von den Bergen aus. Mit ihren Kindern Ganescha und Skanda bilden sie die heilige Familie der Hindu-Mythen. Ihre Lebensgeschichte wird von *Sadhus* symbolisch nachgelebt.

Der Kopf Schiwas im Joni *(S. 66) der* Schakti, *von einer Schlange umgeben und vom Dreizack des Gottes begleitet. Bild des modernen Volkskünstlers Janagadh Singh Shyam aus Madhya Pradesh in Zentralindien.*

Schiwa und das Linga

*Schiwa-*Linga *in einem weißen* Joni *am Gangesufer in Varanasi, das Schiwa geweiht ist.*

Das *Linga* (Phallus) wird als Inkarnation Schiwas verehrt, es ist ein lebendiger Ausdruck der widersprüchlichen Natur des Gottes. Schiwa ist zwar der Gott der Askese, der Weltentsagung und des Yoga, wird aber vor allem als Phallus und somit als Symbol der Erotik und der sexuellen Energie verehrt.

Schiwas *Linga* ist stets erigiert, es schwillt in ständiger Zeugungskraft, aber Schiwa vergießt seinen Samen nicht, sondern hält ihn zurück. Schon vor der Blütezeit der Tantra-Bewegung (S. 110–111) und ihrem Einsatz sexueller Bilder zur Darstellung der Vereinigung der Gegensätze gab es Bilder des *Linga*, das aus dem *Joni*, dem Symbol für die Vulva oder die weibliche Energie, ragt. *Linga* und *Joni* stehen für die Vereinigung von Männlichem und Weiblichem, von Himmel und Erde. Sie sind ein kraftvoller Ausdruck der Gesamtheit des Lebens.

In der Legendensammlung *Linga Purana* erklärt ein Guru die Verehrung von Schiwas *Linga*, indem er eine bekannte Legende erzählt: Vor langer Zeit, als das Universum im Dunkel lag und die Welt von Wasser bedeckt war, stritten

SCHIWA-DARSTELLUNGEN

Das *Ekamukha-Linga*, auf dem auf einer Seite das Bild Schiwas eingekerbt ist, bildet eine „Brücke“ zwischen abstrakter und bildlicher Darstellung des Gottes. Manchmal hat Schiwa mehrere Köpfe, die seine unterschiedlichen Eigenschaften symbolisieren. Einer zeigt ihn zum Beispiel als Waldasketen, ein anderer als zornige, meditierende oder hermaphroditische Gestalt.

Ekamukha-Linga *aus rotem Sandstein in einem zentralindischen Tempel des 5. Jahrhunderts.*

Messingdeckel eines Linga-*Sets mit dem eingesichtigen Schiwa in einem* Joni.

Wischnu und Brahma darum, wer von ihnen der größte Gott sei. Plötzlich tauchte eine Feuersäule aus dem Wasser auf, die unendlich hoch zu sein schien.

Die beiden Götter wollten die Länge der Säule erkunden, daher nahm Wischnu Ebergestalt an und tauchte ins Wasser, während sich Brahma in Schwanengestalt so hoch wie möglich in die Lüfte erhob. Die Götter kehrten verblüfft zurück, denn das Ende der Säule war unerreichbar. Da erschien Schiwa und erklärte ihnen, daß die Feuersäule die kosmische Form des *Linga* sei, das irdische Symbol seiner Macht.

Eine andere Legende berichtet von einer Gruppe von Weisen, die als Asketen im Wald lebten und keine Kenntnis der wahren Größe Schiwas hatten. Zur Strafe erschien dieser ihnen in der Gestalt eines nackten Yogi, dessen Körper durch die Askese verwahrlost war, und verführte die Frauen der Weisen. Zornig kastrierten ihn die Asketen, doch als sein *Linga* zu Boden fiel, versank der Kosmos in Dunkelheit. Die Weisen erkannten ihren Irrtum und baten Schiwa, der Welt das Licht wiederzugeben. Er stimmte unter der Bedingung zu, daß die Weisen ihn von nun an in der Gestalt des *Linga* verehren würden.

Ein „natürliches" Linga *(s. unten) aus einem Flußkiesel, mit Sandelholzpaste und einer Hibiskusblüte geschmückt.*

VEREHRUNG DES LINGA

Lingas sind meist aus Stein gemeißelt, manchmal bestehen sie aus Sand, oder sie sind Kiesel oder ein Ameisenhügel. Besonders heilig sind die natürlich vorkommenden *Svayambhu-Lingas*, etwa das Amarnath-*Linga* aus Eis. *Lingas* werden wie alle religiösen Symbole häufig mit Milch und Büffelmilchbutter gesalbt oder mit Früchten, Süßigkeiten, Blättern und Blumen geschmückt.

Schlangen, Kühe und Stiere

In der Kunst und Religion Indiens sind Kühe, Stiere und Schlangen (vor allem die Kobra) bedeutende Symboltiere. In ihnen wird meist Schiwa gehuldigt, Elemente der Verehrung von Schlangen (*Naga*) und Kühen sind aber auch in den mythischen Attributen der meisten anderen großen Hindu-Götter zu finden. Die Symbolkraft der Schlangen und Kühe ist mit ihrem widersprüchlichen Wesen verbunden: die Schlange zerstört und schützt Menschenleben, die Kuh symbolisiert Fruchtbarkeit und Nahrung, doch als Gegenpol dazu steht die Aggressivität des Stiers.

Schlangengötter wurden wahrscheinlich schon vor dem Vordringen der wedischen Religion der Arier verehrt, sie sind im ländlichen Südindien nach wie vor wichtig.

Die Bedeutung des *Naga*-Kults zeigt sich in den größten Religionen Indiens. In den hinduistischen Mythen findet man etwa die endlose Schlange Schescha: ihr Körper umfaßt die Milchstraße, ihre vier großen Windungen stehen für die vier *Jugas* (Weltalter) der kosmi-

NANDI

Die Verehrung des Stiers im heutigen Indien geht auf den Schiwa-Kult zurück: Schiwa reitet auf dem großen, weißen Stier Nandi in die Schlacht gegen die Dämonen. In vielen shaivitischen Tempeln steht eine Nandi-Statue vor dem Hauptschrein, denn Nandi wacht über seinen Meister, er ist der treueste Beschützer des Gottes. Auf vielen Gemälden wird die heilige Familie (Schiwa, Parwati, Ganescha und Skanda) gemeinsam mit Nandi dargestellt. Der Legende zufolge war der Stier das Hochzeitsgeschenk Dakschas, Schiwas Schwiegervaters, an Schiwa und Parwati.

Nandi ist seinem Herrn in vielem ähnlich: er ist stark, wild und potent. Er verkörpert die Macht, die man durch die Zähmung roher Kraft und die Beherrschung der Leidenschaft erringen kann.

Diese Statue des heiligen Stiers Nandi, der mit Blumengirlanden geschmückt ist, befindet sich in einem Schiwa-Tempel in Varanasi.

In Hindu-Städten wie in Varanasi können sich die heiligen Tiere frei bewegen.

DIE KOBRA

Die Gegensätze in Schiwas Wesen (er ist Schöpfer und Zerstörer, asketisch und erotisch) findet man auch im Symboltier der Kobra. Ihr Biß kann töten, dennoch legt sie sich schützend um Schiwas Hals. Auch sein Sohn Ganescha (S. 72–73) wird von Kobras beschützt, die sich ihm um Füße und Brust legen. Schiwas Sohn Murugan, der früher ein tamilischer Gott war (S. 76–77), reitet auf einem Pfauen, der eine Kobra im Schnabel trägt. Kobras schützen auch das *Linga*, den Phallus Schiwas.

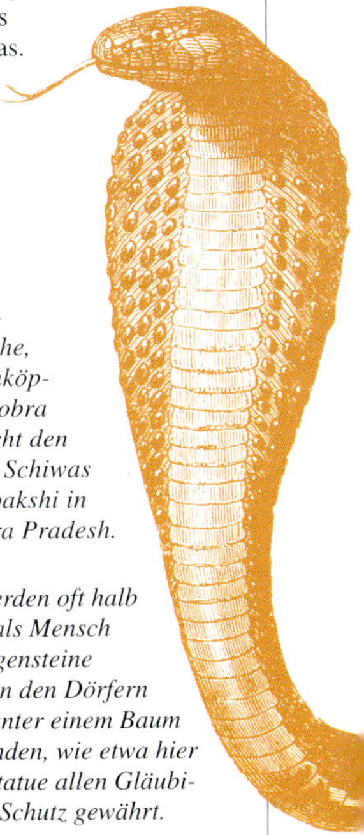

Eine monolithische, siebenköpfige Kobra bewacht den Linga *Schiwas in Lepakshi in Andhra Pradesh.*

schen Zeit. In den buddhistischen Mythen erkennt der Schlangenkönig Muchilinda voller Ehrfurcht Buddhas Konzentrationskraft. Der Schlangenprinz Dharanendra beschützt den dschainistischen Furtbereiter Parschwa bei der Meditation, während die Schlange Ananta im wischnuitischen Mythos über den ruhenden Wischnu wacht.

Die Kuh bedeutete in der hinduistischen Mythologie Fruchtbarkeit und Überfluß. Als Nährerin ist sie eine Verkörperung der Bewahrerin des Lebens, das sie aus ihrem unendlichen Schoß hervorbringt. In der jüngeren Geschichte wurde die Kuh zum Symbol für „Mutter Indien", den heutigen Staat Indien. Die Kühe können ungehindert durch die Straßen wandern, sie sind den Hindus heilig. Große weiße Stiere, die dem mythischen Nandi ähneln, werden oft in feierlichen Ritualen bestattet.

Schlangengottheiten werden oft halb als Schlange und halb als Mensch dargestellt. Die Schlangensteine (Nagakals) *findet man in den Dörfern und Städten entweder unter einem Baum oder an den Tempelwänden, wie etwa hier in Karnataka, wo die Statue allen Gläubigen, die sie aufsuchen, Schutz gewährt.*

Sadhus

Die größte Versammlung von Sadhus *findet alle zwölf Jahre beim Kumbha-Mela-Fest statt.*

Sadhus (Yogis) beschreiten den Pfad der Buße und Askese, um Erleuchtung zu erlangen. Ihrem Glauben zufolge ist die Welt nur Trug und Schein (*Maja*). *Sadhus* entsagen der Welt und lehnen weltliche Bindungen und den Weg des aktiven Handelns zum Abbauen des *Karmas* ab. So finden sie Freiheit für den Weg in die göttliche Wirklichkeit. Trotz ihrer oft extremen Askesepraktiken werden die *Sadhus* nicht als fanatisch abgetan. Sie gehören in Indien zum normalen Straßenbild. Die Weltentsagung ist für orthodoxe Hindus – nach der Familiengründung – oft die vierte Stufe der Askese.

Viele *Sadhus* ahmen mit ihrem Leben den mythologischen Schiwa, den größten Asketen, nach. Sie tragen einen Dreizack und haben drei Aschestreifen auf der Stirn, die für die Dreiheit Schiwas und sein asketisches Streben nach dem Auslöschen der drei Unreinheiten (Selbstsucht, eigennütziges Handeln und *Maja*) stehen. Die zweifellige Trommel des Asketen (*Damaru*) symbolisiert die Einheit von Schiwa und Schakti; im *Linga* (S. 66–67) verehren sie die Verkörperung Schiwas. *Sadhus*, die safranfarbene Gewänder oder Lendenschurze tragen, haben eine symbolische Waschung mit dem fruchtbaren Blut Parwatis, der Gefährtin Schiwas, vorgenommen. Zur Verehrung Schiwas halten sie sich oft an heiligen Stätten des Schiwaismus auf.

Sadhus verbringen meist einige Jahre bei Gurus und üben sich im uneigennützigen *Karma*-Yo-

Ein Sadhu *läßt sich vor dem Palast von Amber von Touristen fotographieren.*

ga. Meist sind ihre Köpfe zum Zeichen der Askese und der lebenslangen Treue zum Guru kahlgeschoren. Wenn sie die spirituellen Übungen und den Yoga beherrschen, verlassen sie den Guru und durchwandern das Land; sie halten sich nie lang an einem Ort auf. In dieser Phase haben sie langes, verfilztes Haar. *Sadhus* glauben, daß die Wanderschaft Körper und Geist wachhält und ein fester Wohnsitz zum Stillstand führt.

Zu den zahlreichen schiwaistischen Sekten gehören zum Beispiel die Aghoti-Asketen, die den zornigen Schiwa in der Gestalt Bhairawas verehren. Sie leben an den Einäscherungsstätten und verwenden menschliche Schädeldecken als Bettelschale. Die *Sadhus* der Danda-Sekte verschenken ihre gesamte Habe bis auf Trinkgefäß, Lendenschurz und Stab. Sie ernähren sich von Speisen, die sie geschenkt bekommen und essen diese aus der Hand.

Typisch für einen Sadhu *ist die Trommel Schiwas,* Damaru *(Bild links). Damit kündigen sie ihre Ankunft und das Verlassen des Dorfes an.*

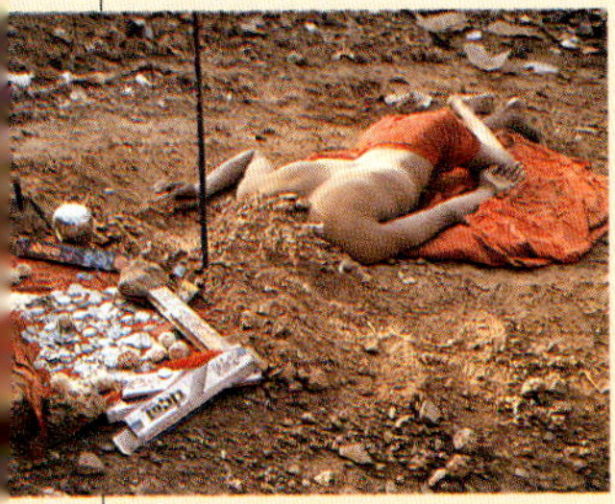

Als Bußübung vergräbt der Sadhu *den Kopf im Sand.*

BUSSÜBUNGEN

Die meisten *Sadhus* gehören zur Juna-Akhara-Sekte, die für die harten Bußübungen und die große Yoga-Meisterschaft ihrer Mitglieder bekannt ist. Durch Bußen, wie etwa zwölf Jahre lang den Arm hochzuhalten oder auf einem Bein zu stehen, erlangen sie erstaunliche Fähigkeiten (*Siddhis*), wie etwa Schwerelosigkeit oder Levitation, Unsichtbarkeit und die Macht, jede beliebige Größe anzunehmen. Viele Sektenmitglieder vergraben als Buße den Kopf tagelang im Sand und bitten damit um Almosen von Vorübergehenden.

Kommt ein Sadhu *an einen Ort, so entzündet er als erstes ein heiliges Feuer (*Dhuni*). Zum Gedenken Schiwas steckt er einen Dreizack (rechts) an den Rand der Feuerstelle. Der Dreizack muß rein bleiben, da er starke Kräfte besitzen soll. Dreizacke sind in ganz Indien unter den* Sadhus *verbreitet.*

Ganescha

Der elefantenköpfige Ganescha ist der hinduistische Gott des Anfangs und der gütige Überwinder von Hindernissen. Er hat eine Ratte als Reittier, die für ihre Listigkeit berühmt ist. Der Grund für Ganeschas große Beliebtheit liegt in seiner Durchtriebenheit und gutwilligen Bereitschaft, die Probleme seiner Anhänger zu lösen. Seine unbeschwerte List zeigt sich etwa in der Anekdote vom Wettlauf um die Welt, zu der der beleibte Ganescha gegen seinen flinken Bruder Skanda antritt. Skanda jagt auf seinem Pfau davon, während Ganescha nur seine göttlichen Eltern umkreist und sich zum Sieger erklärt, da die Eltern das ganze Universum darstellen.

Ganescha auf einer Wandmalerei in Jaipur.

Viele Erzählungen darüber, wie er zu seinem Kopf kam, deuten auf die Übernahme eines örtlichen Kults durch die Hauptströmung des Hinduismus hin. Ganescha wird heute als Sohn Schiwas verehrt, der Legende nach ist Schiwa jedoch nicht wirklich sein Vater. Dort heißt es, daß Parwati sich wusch und dabei aus Erde und Salbe von ihrem Bein einen Menschen formte. Sie erweckte ihn zum Leben und be-

Ein vierköpfiger Ganescha reitet auf einem Löwen. Statue aus Südindien.

DIE ATTRIBUTE GANESCHAS

Bei Ganescha findet man Hinweise auf den asketischen Schiwa: eine Kobra schlingt sich ihm um den Bauch, verfilzte Haarsträhnen erinnern an die Haartracht des Yoga-Gottes. Seine Attribute sind Elefantenrüssel, Schlinge und Bonbonschale, die er stets an den Mund hält. Oft hat er einen Arm in der Geste der Furchtlosigkeit erhoben.

Ganescha ist auch der Gott der Gelehrsamkeit. In der Hand hält er den abgebrochenen Stoßzahn, den er beim Aufschreiben der Schlußkapitel des *Mahabharata* verwendete (S. 56–57).

Eine bemalte Ganescha-Statue aus Gips.

DAS FEST GANESCH CHATURTHI

Ganeschas Geburt wird am vierten Tag (*Tschaturthi*) des Mondmonats Bhadrapada (August/September) mit dem Fest Ganesch Tschaturthi gefeiert. Im Bundesstaat Maharashtra und dessen Hauptstadt Bombay werden Ganescha-Statuen aus Gips durch die Straßen getragen. Zu diesem äußerst beliebten Fest strömen Tausende Einwohner aus der Umgebung zusammen.

OBEN *Ganescha sitzt am Tempeleingang. Seine Anhänger verehren ihn wegen seiner Macht, Hindernisse aus dem Weg zu räumen und ihnen somit zu Glück im Privatleben und im Beruf zu verhelfen.*

RECHTS *Kleine Ganescha-Bilder für den Hausgebrauch.*

fahl ihm, während des Bades an der Tür zu wachen. Ihr Mann Schiwa fand einen fremden Gottmenschen in seinem Haus vor, und als er durch die Tür gehen wollte, verwehrte ihm Ganescha den Zutritt. Schiwa wurde zornig und schnitt dem Mann den Kopf ab. Dann bemerkte er, daß er seinen Sohn getötet hatte. Er befahl seinen *Ganas* (Dämonendienern und Zwergen), ihm den ersten Kopf zu bringen, den sie fanden. Sie brachten einen Elefantenkopf, den er Ganescha auf die Schultern setzte. Dieser war nun zum Leben erweckt, er wurde in die Götterfamilie aufgenommen und erhielt den Titel Ganescha oder Ganapati, Herr über die *Ganas*.

Wegen seines Mutes als Parwatis Türwächter wurde Ganescha zum Wächter über den Eingang und Gott der Neuöffnung, des Anfangs. Sein Bild schmückt viele Haus- und Tempeleingänge. Zu Beginn eines Kultrituals, einer Reise oder Unternehmung wird sein Name angerufen. Bei Hochzeiten und anderen Neuanfängen, etwa zu Neujahr, wird sein Segen beschworen; viele Kalender tragen sein Bild.

Schiwa und Parwati

Schiwa ist Schöpfer und Zerstörer in einem, der Gott der Askese und der Fortpflanzung. Er ist Gott des Yoga, der mit der Asche der Weltentsagung und der Einäscherungsstätte bedeckt ist, und auch die Quelle des lebensspendenden Flusses Ganges. Sein Wesen ist zwar vielfältig, er wird aber vor allem in Form des *Linga* (S. 66–67), der halb abstrakten Darstellung des Phallus, verehrt.

Viele hinduistische Götter stehen für bestimmte Züge des Göttlichen (*Brahman*), Schiwa ist jedoch voller Widersprüche, sein Hauptmerkmal sind die Gegensätze, die er in sich vereint. Die Schiwa-Verehrung der Pashupata-Sekte in den ersten nachchristlichen Jahrhunderten drückte sich in scheinbar sinnlosen oder anstößigen Handlungen aus.

Darstellungen Schiwas und Parwatis sind in der Volkskunst beliebt, das Bild zeigt ein Plakat aus dem 20. Jahrhundert.

Bhairawa verkörpert die furchterregende Seite Schiwas; dieses Bild zeigt ihn auf seinem toten Schwiegervater Dakscha kniend.

DAKSCHAS OPFER

Eine berühmte schiwaitische Legende handelt von Schiwas Liebe zu Sati, der Tochter Dakschas. Schiwa und Sati erzielten durch List die Zustimmung Dakschas zu ihrer Heirat. Dakscha empfand Abscheu vor Schiwa als Gott der Askese, daher lud er Sati und Schiwa nicht zu seinem Festmahl und Feueropfer. Sati erfuhr von Dakschas Abscheu vor Schiwa und warf sich ins Opferfeuer (S. 127). Als er das hörte, erschuf der zornige Schiwa Kali und Bhairawa, die Dakscha töten und sein Opfer zunichte machen sollten. Er nahm Satis Körper aus dem Feuer und trug ihn viele Jahre mit sich, bis er zerfiel. Sati wurde als Parwati, als „Tochter des Himalaya" wiedergeboren und gelobte, zu Schiwa zurückzukehren. Kama, der Gott des Verlangens, schoß einen Liebespfeil auf den meditierenden Schiwa. Dieser war ungehalten über die Störung, er öffnete sein schreckliches drittes Auge und verbrannte Kama zu Asche. Dann erfuhr er von Sitas Wiedergeburt und verspürte Sehnsucht nach ihr, womit die Liebenden wieder vereint waren.

Die Mitglieder gingen nackt, lebten an Einäscherungsstätten oder schmückten dem Gott Schiwa geweihte Altäre mit Fäkalien statt Blumen. Sie wollten damit ausdrücken, daß Gegensätze nur Schein sind, da ihnen die Einheit der Natur Gottes zugrunde liegt. Im Schiwaismus gilt Gegensätzlichkeit als Werk der *Maja* (S. 130–131). Gegensätze wie Schöpfung und Zerstörung oder Leben und Tod bedingen einander.

Da Schiwa der allumfassende Gott ist, fanden auch Elemente der Göttinverehrung Eingang in die Mythologie der Schiwa-Kulte. Schiwas Macht (*Schakti*) wird oft von seiner Frau, einer Seinsform der Göttin Dewi (S. 78–79), verkörpert. Wie die alte Muttergöttin (S. 20–21) gibt es gütige und furchterregende Inkarnationen Dewis. Sie ist die friedliche Sati, Uma oder Parwati; für ihre schreckliche Seite stehen Chamunda, Kali und Durga. Kali und Durga erscheinen nur, um Schiwas Feinde zu schlagen, Parwati dagegen ist immer an seiner Seite, als himmlische „Gemahlin" ist sie eine ideale Ergänzung für ihn. Die sexuelle und geistige Vereinigung Schiwas und Parwatis bildet die Grundlage der Tantra- und der Schakta-Philosophie (S. 110–111). Die „heilige Familie" in ihrem Heim auf dem Berg Kailash wird in zahlreichen Legenden beschrieben.

OBEN *Schiwaitische Bilder wie diese Wandmalerei in Rajasthan gehören in Indien zum Alltag.*

RECHTS *Moderner Tempel in Hyderabad mit einer Darstellung der „heiligen Familie" (Schiwa, Parwati, Ganescha) mit dem heiligen Stier Nandi im Vordergrund.*

DAS PARWATI-TAL

Das Parwati-Tal in der Nähe von Kulu in Himachal Pradesh ist Schauplatz zahlreicher Mythen über Schiwa und Parwati. Am Talgrund fließen die heißen Quellen von Manikaran. Der Legende zufolge liebten sich Schiwa und Parwati 10 000 Jahre lang, dann verbrachte Schiwa 10 000 Jahre dort in Meditation. Da es ihm hier wohl erging, erwärmte er aus Dankbarkeit die Felsen, damit künftige Yogis es dort warm und behaglich hatten.

Der Name „Manikaran" geht auf eine Erzählung zurück, der zufolge Parwati einen Edelstein (*Mani*) im Fluß verlor, später gab ihn der Gott der Unterwelt in einem heißen Wasserfall zurück.

Schiwas südliche Söhne

In den südindischen Bundesstaaten Tamil Nadu und Kerala werden Schiwas südliche Söhne Ayyappan und Murugan als Ausdruck von Schiwas *Schakti* (Macht) verehrt. Vergleichbar damit ist etwa die Anbetung der *Awataras* (Inkarnationen) des Gottes Wischnu, etwa Krischnas und Ramas. Die Mythen vom Leben Ayyappans und Murugans sind deutlich vom Hingabekult der *Bhakti*-Bewegung (S. 58–59) beeinflußt und entstanden im örtlichen Umfeld der Kulte. Die beiden Göttersöhne werden vor allem als Schützer des Dorfes verehrt, und die meisten Geschichten über sie berichten von Kämpfen gegen örtliche Dämonen und die Dunkelheit des Waldes. Beide sind jung und siegreich und spielen im Unterschied zum fernen, transzendenten Schiwa eine aktive Rolle im Leben der Gläubigen.

Murugan ist die Hauptgottheit der alten Tamilen und auch im heutigen Tamil Nadu als Familiengott beliebt. Vor dem 20. Jahrhundert beschränkte sich der Ayyappan-Kult auf Kerala, insbesondere das gebirgige Regenwaldgebiet nahe des Flusses Pamba, dem Grenzfluß zu Tamil Nadu. 1950 zogen gerade 1000 Pilger zum Dschungeltempel Sabarimala, dem Sitz Ayyappans; 1988 kamen bereits 400 000. Ayyappan war ursprünglich nur örtlich von Bedeutung – er ist ein Dorfgott, der gegen die Walddämonen kämpft –, doch heute kommen auch Pilger aus Madras, Bombay und Kalkutta. Sie betrachten ihn als Symbol für Veränderung, Entwicklung und Erfolg im religiösen und weltlichen Leben. 18 goldene Stufen führen vom Wald zum Tempeleingang, sie symbolisieren den Aufstieg zum moralisch-geistigen Erfolg. Die einzelnen Stufen repräsentieren eine Leiter zu moralischem und spirituellem Erfolg und stehen für bestimmte *Ragas* (Laster oder Sünden). Die Pilger schwören beim Erklimmen der Stufen jedes Jahr einem dieser Laster ab. Insofern steht die Treppe für die Suche der Gläubigen nach geistiger Erlösung, für den Pfad des *Jajikkuka* (Erringen des Siegs), für den Ayyappan berühmt ist.

MURUGAN

Murugan ist eine beliebte ländliche Gottheit besonders im westlichen Tamil Nadu. Er wird oft mit Schiwas Sohn Skanda gleichgesetzt und trägt wie sein göttlicher Bruder im Norden einen Speer oder Dreizack. Ursprünglich war er vermutlich ein Fruchtbarkeitsgott, zu seiner Verehrung dürften auch orgiastische Tänze aufgeführt worden sein.

Ein modernes Plakat zeigt Murugan, begleitet von einem Pfau, der ihm als Reittier dient.

Pilger auf dem Weg zum Tempel Sabarimala schmücken ihre Autos mit Bildern Ayyappans.

DIE GESCHICHTE AYYAPPANS

Die Geschichte Ayyappans beginnt mit der Hochzeit von Datta und Lila. Datta verstieß Lila bald und verfluchte sie, so daß sie als büffelköpfige Dämonin Mahishi geboren wurde. Mahishi übte strenge Askese, wofür ihr die Götter übernatürliche Kräfte verliehen. Sie verfügten, daß Mahishi nur durch das Kind zweier Männer, das zwölf Jahre lang als Mensch lebte, von dem Fluch erlöst werden könnte. Wegen ihrer neu erworbenen Macht konnte Mahishi die Götter besiegen.

Ayyappan wurde aus der Vereinigung Schiwas und Wischnus geboren. Da beide Elternteile Männer waren, nahm Wischnu für die Empfängnis Frauengestalt an. Daher wurde Ayyappan „*A-Joni-jatan*" („aus keinem Frauenschoß Geborener") genannt. Ein König fand den Säugling an einem Flußufer. Ayyappan lebte zwölf Jahre als Thronfolger, bis die Königin selbst ein Kind gebar und auf das Findelkind eifersüchtig wurde. Sie täuschte eine Krankheit vor und sandte Ayyappan in den Wald um Leopardenmilch. Sie hoffte, daß die wilden Tiere ihn töten würden. Im Wald traf Ayyappan Mahishi und tötete sie, wodurch Lila befreit wurde.

Dieser moderne Druck zeigt die Gottheit Hari-Hara, eine Verbindung aus Wischnu (Hari, hier in dunkelblauer Farbe) und Schiwa (Hara, erkennbar am Tigerfell und dem Halbmond).

Dewi

Die älteste und am häufigsten verkörperte Gottheit der hinduistischen Götterwelt ist die Göttin Dewi. Wie die alte, vorarische Muttergöttin (S. 20–21) erscheint sie als fruchtbare Lebensspenderin und gnadenlose Todbringerin. Auf dem Land wird sie in vielen verschiedenen Gestalten verehrt, etwa als die alte Erdmutter Bhu, als Parwati, die Tochter des Himalaya (S. 74–75), als die Rächerinnen Kali und Durga (S. 80-81) und als Gemahlin zahlreicher Götter. Sie wird oft „Mutter" genannt – in Nordindien heißt sie als solche *Mata* oder *Mataji*, im südindischen Dschungel *Amman*. Dargestellt wird sie als *Joni*, das weibliche Prinzip, das den männlichen *Linga* (S. 66–67) umgibt.

Wie die alte Muttergöttin steht sie für die Fruchtbarkeit der Erde. Das Land Indien ist der Leib Dewis, dessen Formen sich in der Landschaft zeigen. Städte wie Kalkutta (*Kali Ghat*) sind nach Dewi benannt; die Namen vieler Göttinnen sind von Naturformen hergeleitet. Der Name „Sitas", der Gefährtin Ramas (S. 53), bedeutet zum Beispiel „Rinne". Die Götter des Hinduismus leben meist im Jenseits, die Göttinnen dagegen handeln in dieser Welt. Dewi hat sich nicht von der *Maja* (Schein) dieser Welt zurückgezogen (S. 130–131), sie ist vielmehr *Mahamaja* (große Täuschung). Das Land ist ihr Körper, daher ist sie den Gläubigen bekannt und zugänglich.

Die Götter Schiwa, Brahma und Wischnu (die *Trimurti*) stehen für übermenschliche Ideale. Brahma ist praktisch nur ein transzendentes Prinzip, Wischnu symbolisiert das moralische Ziel übermenschlicher Reinheit, und auch Schiwas strenge Askese ist für Menschen unerreichbar.

Die Göttin Dewi dagegen steht für das Handeln auf der Welt. Schiwa meditiert weit weg im Himalaya, während die Göttin in ihrer Inkarnation als Kali auf dem Schlachtfeld viel energischer als der gelassene Krischna (S. 60–61)

CHINNAMASTA

Die Göttin der Weisheit Chinnamasta ist seit dem 12. Jahrhundert sehr beliebt. Dargestellt wird sie meist auf dem Rücken Ratis stehend, während diese in der „Reiterstellung" mit ihrem Mann Kama, dem Gott des Verlangens, schläft. Die sexuelle Energie stärkt Chinnamasta, sie enthauptet sich und nährt ihre Anhänger mit ihrem Blut. Damit verbinden sich Sexualität und Tod, die miteinander verbundenen Gegenpole, die das Universum regieren.

Auf diesem tantrischen Bild aus dem 19. Jahrhundert symbolisiert die Göttin Chinnamasta auf dem dreieckigen Joni *das weibliche kosmische Prinzip. Ihr Blut nährt zwei* Yoginis, *die tantrischen Symbole der beiden Körperhälften.*

gegen die Götter der Unwissenheit kämpft. Das machtvolle Eingreifen der Göttin in menschliche Geschicke wurde in vielen theologischen Abhandlungen, insbesondere den tantrischen Schriften (S. 110–111), beschrieben. Im Zentrum stehen dabei Dewi und ihre göttliche Macht (*Schakti*). Die zornigen, furchterregenden und grausamen Seiten der Göttin, verkörpert durch Kali und Durga, werden in den tantrischen Ritualen ohne Bindung an die transzendenten männlichen Gottheiten als eigenständige gewaltige Macht verehrt.

Die Saptamatrikas *(sieben Mütter) verkörpern die Energie aller wichtigen Hindu-Götter. Meist treten sie zusammen mit Kali auf, wie in diesem Relief aus dem 19. Jahrhundert.*

LAKSCHMI

Lakschmi, die Gefährtin Wischnus (S. 50–51), ist die Göttin des Reichtums und Wohlstands. Wischnu steht für das transzendente moralisch Gute und die Ordnung (*Dharma*) des Universums, Lakschmi dagegen für das Gute im weltlichen Leben. Sie bringt lebensspendenden Regen (symbolisiert von den Elefanten an ihrer Seite), aus ihrer ausgestreckten Hand fallen Goldstücke. Sie wird in ganz Indien als Göttin des Glücks und Wohlstands verehrt.

GANGA

Dewi steht nicht nur für das Land, sondern auch für seine Hauptflüsse, die ebenfalls als Gottheiten verehrt werden. Die hinduistische Göttin Ganga steht im hinduistischen Pantheon zum Beispiel für den Ganges und wohnt in den unendlichen Schlingen von Schiwas verfilztem Haar. Auf dem Land wirft man als Zeichen der Verehrung der Göttin oft Blumengirlanden in den Fluß, auch die Tempelikonen werden mit Blumenkränzen geschmückt.

Ein Lehmbildnis Dewis wird in Kalkutta für ein Ritual vorbereitet.

Durga und Kali

Durga ist eine Verkörperung Dewis (S. 78–79) und wird als furchterregende Seite der gütigen Göttin Parwati, der Tochter des Himalaya (S. 74–75), verehrt. Parwati ist nur als Gefährtin Schiwas wichtig, Durga dagegen handelt selbständig und bekämpft die Dämonen des Unwissens mit ihrer ungezügelten Stärke (*Schakti*).

Seit den ersten nachchristlichen Jahrhunderten wird sie in ganz Indien als Bezwingerin des Büffeldämonen Mahishasura verehrt. Die betreffende Legende stammt aus dem *Durga Charitra* („Durgas Taten") und gehört zu den berühmtesten Mythen des Hinduismus. Der große Dämon Mahishasura übte eine so strenge Askese, daß die Götter ihm fast unendlich viel Macht verleihen mußten. Er nahm Büffelgestalt an und stürmte gegen die Tore des Himmels. Die erzürnten Götter waren von seiner schrecklichen Macht und dem folgenden Durcheinander (*Arita*) überwältigt und schufen Durga, womit sie all ihre Macht in einer einzigen Göttin konzentrierten. Durga vernichtete die Dämonenheere und besiegte schließlich Mahishasura, indem sie ihm

Kopf der Göttin Durga bei einer Durga Puja-Prozession.

DURGA PUJA

Durga Puja ist das beliebteste und üppigste Fest Bengalens. Die Anhänger Durgas fasten neun Tage lang. Alle Familienmitglieder sollen in ihr Geburtshaus zurückkehren. Am letzten Tag des Festes werden große Durga-Bildnisse durch die Stadt zu einem Fluß getragen und feierlich darin versenkt. Am Ende des Festes müssen die verheirateten Töchter ins Haus des Ehemanns zurückkehren, damit wird die Rückkehr der gütigen Göttin Parwati zum Wohnsitz Schiwas am Berg Kailash symbolisiert.

Durga auf dem Löwen im Kampf gegen den Büffeldämonen ist in der indischen Kunst ein beliebtes Sujet. Die Göttin ist oft mit den Waffen der Götter ausgerüstet; ihre Gelassenheit steht in krassem Gegensatz zu Mahishasuras aggressiver Haltung. Auf dieser Miniatur aus dem 18. Jahrhundert erscheint er bis auf den wilden, tierartigen Kopf in Menschengestalt. Untypisch sind das Pferd als Reittier und das Gewehr.

Diese nordindische Miniaturmalerei aus dem 17. Jhd. zeigt Kali als Besiegerin der Dämonen.

den Fuß auf den Nacken setzte und ihn enthauptete.

Kali, die schwarze Göttin mit roter Zunge, ist die schreckliche Göttin der Zerstörung. Mit ihrem riesigen Mund verschlingt sie ihre Feinde, ihre Augen sind vor Kriegslüsternheit blutunterlaufen, und um den Hals trägt sie eine Kette aus Schädeln. Sie ist die schrecklichste aller hinduistischen Gottheiten, dennoch begegnen ihr die Gläubigen mit Verehrung und nicht mit Furcht. Die Dichter und Gelehrten des 18. und 19. Jahrhunderts, etwa Ramprasad Sen und Ramakrishna, verehrten sie als heilige Mutter; in den frühen tantrischen Kulten galt sie als gewaltige Macht des Göttlichen. Wie Schiwa ist sie eine Außenseiterin, die anderen Götter fürchten sie und suchen sie zu beschwichtigen. Kali und Schiwa leben als Ausgestoßene an der Einäscherungsstätte.

KALI UND SCHIWA

Kali wird häufig über dem „Leichnam" des schlafenden Gottes Schiwa stehend dargestellt. Auf tantrischen Bildern hockt sie auf dem liegenden Schiwa, mit dem sie Geschlechtsverkehr hat. Diese Bilder symbolisieren die Einheit von Schiwa und Schakti, des männlichen und weiblichen Aspekts der obersten Gottheit.

Der Druck (links) zeigt die furchterregende Göttin Kali über Schiwas Körper. Als Bronzestatue aus dem 11. Jhd. (rechts) wirkt sie weniger angsteinflößend.

DIE THUGS

Die Thugs (*Sthagas*, „Würger") waren Verbrecherbanden, die in Indien über 300 Jahre lang den Reisenden auflauerten. Die Thugs schlossen Freundschaft mit Reisenden ohne Begleitung und erwürgten sie angeblich in Kalis Namen. Die britischen Herrscher machten ihrem Treiben in den dreißiger Jahren des 19. Jahrhunderts ein Ende, nur der Name hat überlebt.

Die Kunst des Yoga

Yoga ist ein konkreter Pfad zur Selbstfindung, ein Weg zur Erleuchtung durch Reinigung des ganzen Körpers, so daß Körper und Geist die absolute Realität hinter der Scheinwelt des Alltags erfahren können. Der Yoga gehört zu den berühmtesten philosophischen Traditionen des Hinduismus und wird heute von Hindus genauso wie von Christen, Agnostikern und Atheisten praktiziert.

Yoga ist nicht so sehr eine Religion als vielmehr ein spiritueller Prozeß, in dem man über körperliche Disziplin auf das Bewußtsein Einfluß nimmt. Fortgeschrittene Yogis verfügen angeblich über außergewöhnliche Kräfte und können beispielsweise durch Willenskraft kommen und gehen, sie setzen diese Fähigkeiten aber selten in der Öffentlichkeit ein. Im Radscha-Yoga gilt der Körper als Illusion, im Hatha-Yoga dagegen als Methode der Befreiung. Der Hatha-Yoga ist der Yoga der Anstrengung. Der Körper wird geläutert und fällt weder *Karma* noch Krankheiten anheim. Dieser Geist-Körper befindet sich im ekstatischen Zustand des *Samadhi*, durch intensive Meditation findet man zur Erlösung. Beim Kundalini-Yoga wird die Vereinigung von Schiwa und Schakti im Körper des Yoga-Schülers angestrebt, die „Schlange“ der weiblichen Macht wird zum Energiezentrum auf dem Kopf, dem Sitz der transzendenten Gottheit, geführt.

*Im Yoga gibt es verschiedene Arten der Vereinigung des Selbst mit dem Göttlichen (*Brahman*). Anhänger des Radscha-Yoga streben nach Erkenntnis (*Jnana*) und Hingabe (*Bhakti*) als Weg zur Befreiung, wie etwa dieser Yogi auf einer Miniatur aus dem 16. Jahrhundert.*

Yoga

Auf diesem über 1300 Jahre alten Relief in Mamallapuram beschenkt Schiwa den Weisen Bhagivathi, der in einer Yoga-Haltung auf einem Bein steht.

Yoga ist die Lehre und der praktische Weg der Befreiung (*Mokscha*) von der materiellen Welt. Wie im Buddhismus und Dschainismus weist er nicht nur den Weg zur Erlösung, sondern bietet auch konkrete Hilfestellungen. Im Westen sind vor allem der Hatha-Yoga (S. 88–89) und seine Körperstellungen (*Asanas*) bekannt. Das ist aber nur ein Aspekt des Yoga, dessen philosophische und formale Grundlagen eine der sechs Denkweisen Indiens darstellen. Die *Asanas* dienen der Reinigung und Neuformung des Körpers, so daß man sich durch ihn von der *Maja*, der Welt des Scheins, befreien kann (S. 130–131).

Yoga wird oft als „Einheit" bezeichnet, korrekter ist aber die Übersetzung „Joch". Der Yogi spannt das niedrige Bewußtsein (das Ich) in ein Joch und erlangt damit das höhere Bewußtsein des Absoluten. Durch Selbstbeherrschung, Askese und Meditation erlangt er körperliche und geistige Disziplin, durch die die höhere Realität des *Brahman* (des Göttlichen) faßbar wird. Die Erleuchtung wird nicht „erfahren", sondern von einem „wachen", „ins Joch gespannten" Bewußtsein „erkannt", man sieht das wahre Wesen der Welt.

Der Weg zur höheren Wahrheit, zur Lösung von den Fesseln der *Maja*, führt über Askese und Unterdrückung der Sinneswahrnehmungen. Die Welt der *Maja* ist wie ein See, auf den der Wind bläst. Hört der Wind auf, bilden die Bilder und Kräuselungen auf der Wasseroberfläche reale Formen, die so fest und unvergänglich wie das absolute Göttliche sind. Beim Yoga beeinflußt man die Bilder und Kräuselungen des Bewußtseins, das den Sinn mit ständig sich ändernden Wahrnehmungen und Gedanken füllt. Versucht ein Anfänger eine einfache Yoga-Übung, etwa das Konzentrieren auf einen Punkt oder den Atem, schweift er bald ab, führt in Gedanken Gespräche und läßt sich durch Erinnerungen und Gedankenblitze ablenken.

Der Yoga geht von einer dualistischen Philosophie aus, der zufolge Materie (*Prakriti*) und Geist (*Puruscha*) strikt voneinander getrennt sind; der Geist ist durch die Materie gebunden und somit in der *Maja*, in der Geschichte seines persönlichen *Karma*. Daher bleibt der Mensch im ewigen Kreislauf des *Samsara* (Wiedergeburt), denn er muß die Folgen des *Karma* erfahren. Hinter jedem Handeln steht das Verlangen, und dieses Verlangen nach weltlichem Erfolg muß der Yogi überwinden, damit er die Folgen früherer Taten tilgen kann und kein neues *Karma* entsteht.

Die esoterischeren Formen des Yoga kommen aus dem indischen Schamanismus, den es schon vor den Ariern gab (S. 12–13). Beim Yoga kann man mit Hilfe schamanistischer Techniken in Trance und Besessenheit geraten, durch das innere Feuer (*Tapas*) kann man die Schlingen der weltlichen Realität „verbrennen". Während es im Schamanismus aber um Herrschaft über Mächte und Gottheiten des Universums geht, will man im Yoga diese Kräfte transzendieren und zu einer Wirklichkeit jenseits selbst der Götter gelangen.

In den *Weden* wird der Yoga erstmals in der *Katha Upanischad* erwähnt. Er wird mit einem Streitwagen verglichen, den das vernunftbegabte Bewußtsein

SCHIWA, GOTT DES YOGA

Dieses moderne Plakat zeigt Schiwa in einer Yoga-Position hoch auf dem Berg Kailash.

Schiwa ist der hinduistische Gott des Yoga. Er wird oft im Lotossitz (*Padmasana*), im Vollkommenen Sitz (*Siddhasana*) oder im Schneidersitz (*Sukhasana*) dargestellt, seine Konzentration (*Dharana*) ist in der Meditation auf die Erfahrung des „reinen Bewußtseins" gerichtet. Paradoxerweise ist Schiwa ein Asket voller Erotik, denn er ist auch Gott des *Linga* (Phallus). In ihm findet man daher zugleich Tantra (S. 110–111) und Hatha-Yoga in einer Verbindung von Yoga und *Bhoga* (sexuelle Freuden) als Weg, um die Grenzen der materiellen Welt zu transzendieren. Schiwas Yoga ist daher nicht dualistisch, denn Körper und Geist sind nicht strikt getrennt. Man strebt im Yoga nach „innerem Feuer" des Körpers, um ihn dadurch in einen geläuterten Körper zu wandeln, der Erleuchtung finden kann. Im *Schiwa-Purana* wird Yoga als Zurückhaltung bei allem Handeln außer der Meditation über Schiwa als „reines Bewußtsein" definiert.

lenkt; der Körper ist der Wagen. Durch Beherrschen der Sinne erlangt man daher Herrschaft über den Körper. Schon hier findet sich der Grundsatz des Yoga, daß Körper und Geist miteinander verbunden sind, daß man durch Askese des Körpers das Bewußtsein beeinflussen und die Materie (*Prakriti*) beherrschen kann. Dieser Gedanke wurde im Hatha-Yoga und im Kundalini-Yoga (S. 94–95) weitergeführt. Wichtig dabei ist die Atemkontrolle (*Pranajama*), durch die das höhere und das niedere Bewußtsein von derselben Lebenskraft (*Prana*) belebt werden.

Die *Bhagawadgita* (S. 60–61) wird manchmal als eine Art Buch des Yoga betrachtet. Der Schwerpunkt liegt dabei auf Selbstdisziplin und Beherrschung der Sinne als wesentliche Techniken eines Yoga, mit dem man ein Gleichgewicht zwischen persönlichem und universellem Bewußtsein erlangt. „Wohin auch immer der Geist aufgrund seiner flatterhaften und unsteten Natur wandert", sagt Krischna dem mutlosen Ardschuna, „muß man ihn auf jeden Fall zurückziehen und wieder unter die Herrschaft des Selbst bringen." Später fügt er hinzu, daß Yoga Harmonie im Essen, Trinken, Schlafen und Wachen und Vollkommenheit in allem Tun bedeutet.

Krischna spricht in der *Bhagawadgita* von *Karma*-Yoga, dem Yoga der Tat und Selbstkontrolle, und *Bhakti*-Yoga, dem Weg der Hingabe. *Bhakti* (S. 58–59) ist vor allem eine theistische Lehre, der zufolge man durch die Kraft der liebenden Hingabe und Sehnsucht zu einer persönlichen, aktiv handelnden Gottheit findet. Statt der Scheinwelt der irdischen Wirklichkeit zu entfliehen, sieht sie der *Bhakti*-Yogi als sichtbares Zeichen der Größe ihres persönlichen Gottes. Krischna stellt *Bhakti*-Yoga als höchste Form der Yoga-Disziplin dar: „Von diesen ist derjenige, der … immer im reinen, hingebungsvollen Dienst beschäftigt ist, der beste. Denn ich bin ihm sehr lieb, und er ist mir lieb."

Yogi am Ufer des heiligen Flusses Ganges in Varanasi.

Die im Westen bekannteste Art des Yoga wurde erstmals im *Yoga-Sutra*, das Patanjali zugeschrieben wird, erwähnt. Nach Meinung mancher Experten wurde dieses Werk im 2. Jahrhundert v. Chr. geschrieben, wahrscheinlich ist es aber jünger. Der ursprüngliche Text umfaßt nur 195 kurze Sätze und Aphorismen; im Lauf der Jahrhunderte kamen zahlreiche Kommentare dazu. Einer davon, *Yoga-Bhashya* („Erläuterung des Yoga") wurde angeblich 500 n. Chr. vom legendären Wjasa verfaßt; Vahaspati Mishras Werk *Tattva-Vaisharadi* („Wissenschaft der Realität") entstand wahrscheinlich erst 850 n. Chr.

Das *Yoga-Sutra* stellt ein dualistisches Denksystem dar, Patanjali beschreibt darin einen Pfad zur Befreiung (*Kaivalja*), bei dem sich die Seele des einzelnen ganz von der materiellen Welt und anderen Seelen lösen muß. Das Ziel erreicht man durch innere Sammlung, allmähliches Zurücknehmen der Aufmerksamkeit von weltlichen Erfahrungen und ihre Hinlenkung auf das ewige innere Bewußtsein frei von aller Täuschung (*Puruscha*).

DIE ACHT GLIEDER DES RADSCHA-YOGA

In Patanjalis Radscha-Yoga (Königs-Yoga) gibt es acht Pfade. Bei den ersten fünf steht der Körper im Mittelpunkt, bei den letzten drei die Vollkommenheit des Selbst. Das ethische Kernstück dabei sind *Jama* und *Nijama*.

Jama (Selbstbeherrschung, Enthaltung) dient der Regelung des Handelns in der Außenwelt und beruht auf den fünf Prinzipien Gewaltfreiheit, Wahrheitsliebe, Meiden von Diebstahl, Keuschheit und Meiden von Begehren nach Besitz.

Nijama (Beobachtung) kennt fünf Verhaltensgrundsätze: Reinheit, Gelassenheit, Askese, Studium der heiligen Schriften und Hingabe.

Asana (Körperstellung) bedeutet, daß der Yogi bei der Meditation eine bestimmte Haltung einnehmen soll. Die zahlreichen im Westen bekannten *Asanas* sind im *Yoga-Sutra* nicht enthalten, hier wird dem Yogi nur geraten, eine angenehme, konzentrationsfördernde Stellung zu suchen.

Pranajama (Atemkontrolle) ist die wichtigste Grundtechnik des Yoga. Durch Herrschaft über die Atmung erringt man Herrschaft über Geist und Körper.

Pratyahara (Zurückziehen) bedeutet das Lösen der Sinne von den Dingen und den Rückzug aus der Außenwelt, die die Seele an die Wiedergeburt (*Samsara*) bindet. In einem Yoga-Text heißt es: „Wie die Schildkröte ihre Glieder in die Körpermitte zurückzieht, soll auch der Yogi seine Sinne in sich zurückziehen."

Dharana (Konzentration) geschieht ohne Hilfe der Sinne; vor der Meditation sammelt man durch intensive Konzentration auf ein inneres Bild, etwa einen Gott oder ein *Mandala*, psychische Energie.

Dhjana (Meditation) ist eine Vertiefung der Konzentration, bis das Bewußtsein „gerichtet" zu einem Meditationsobjekt hinfließt.

Samadhi (Ekstase) ist ein Trancezustand, in dem der Yogi sich nicht einmal der Meditation bewußt ist. Das „Vergessen der Meditation" ist die Vorstufe dazu. In der Ekstase ist der Meditierende eins mit dem Meditationsobjekt, das individuelle Bewußtsein geht in das kosmische Selbst ein.

*Diese Miniaturmalerei zeigt die wichtigste Position (*Asana*) des Radscha-Yoga.*

Hatha-Yoga

Im Hatha-Yoga (Yoga der Anstrengung) geht es darum, den Körper zu einem würdigen Gefäß für die Selbsterkenntnis zu machen. Der Körper ist nicht bloß ein nutzloses Werkzeug der *Maja* (Illusion, S. 130–131), sondern ein Werkzeug zur Befreiung. Man unterscheidet nicht zwischen niedrigem und höherem Bewußtsein oder zwischen Körper und Geist, denn beide sind Ausdruck derselben Lebenskraft (*Prana*).

Körperliches Können ist im Hatha-Yoga wichtiger als in den anderen Yoga-Disziplinen; es gibt eine erstaunliche Vielzahl körperlicher Übungen zur Zähmung und Lenkung der Lebenskraft. Im Vordergrund stehen Körperstellungen (*Asanas*), innere Sammlung und Atemkontrolle (*Pranajama*). Von den orthodoxeren Schulen des Hinduismus wird dieser Yoga abgelehnt, dort gelten die „Körpermagie" und das Erlangen übernatürlicher Fähigkeiten als Zeichen geistiger Dekadenz. Dennoch sind die körperlichen und geistigen Übungen des Hatha-Yoga im Westen die beliebtesten Yoga-Techniken.

Der Hatha-Yoga wurde zunächst im 10. Jahrhundert von der Kanpatha-Sekte und deren Gründer, dem Asketen und zugleich wichtigsten Guru der Natha-*Sadhus*, Gorakhnatha (S. 70–71) verbreitet. Die Kanpatha- und die Natha-*Siddhas* (Yoga-Meister) strebten nach Erlösung durch die alchimistische Umwandlung des Körpers in einen geläuterten Leib mit übernatürlichen Fähigkeiten, dem *Karma* und Krankheit nichts anhaben können. Durch körperliche Übungen wie Atemkontrolle wollte man den Fluß der Lebensenergie in den „mittleren Kanal" (*Suschumna Nadi*) lenken, der vom unteren *Tschakra* (S. 95) in der Beckenregion zur tausendblättrigen Lotosblüte auf dem Kopf, dem Sitz Schiwas, dem reinen Bewußtsein, führt.

Seite aus einem Yoga-Lehrbuch des 18. Jahrhunderts, in dem verschiedene Asanas *(Stellungen) und* Mudras *(Gesten) abgebildet sind.*

Im Hatha-Yoga ist Läuterung sehr wichtig. Als erstes entfernt man Krankheit aus dem Körper, dann die Unreinheiten (*Doschas*), die den Weg vorwärts blockieren. Der geläuterte Körper besteht aus *Soma* oder *Amarita* (Nektar der Unsterblichkeit) des obersten *Tschakren*. Dieser Göttertrank sickert aus dem obersten *Tschakra* nach unten und wird von der „flammenden Sonne" am Ausgang des *Suschumna*-Kanals verbrannt.

Durch Umkehrung dieses Stroms kann man den gewöhnlichen Körper „verbrennen", statt dessen entsteht aus dem überströmenden Nektar ein geläuterter, unsterblicher Leib. Der Yogi wandelt seinen „vollkommenen" Körper in einen göttlichen Leib und erreicht damit einen göttlichen Zustand. Er kann sich am Spiel (*Lila*) der schöpferischen Macht der *Maja* (Scheinwelt) erfreuen oder sich in anderer Gestalt durch die mannigfaltigen Formen der Schöpfung bewegen.

Die Anhänger des Hatha-Yoga erklären, nur ihr Weg führe zur Unsterblichkeit. Ihnen zufolge kann die Seele des einzelnen nur durch einen vollkommenen Körper erlöst werden, daher lehnen sie die heiligen Schriften des Hinduismus ebenso ab wie den Radscha-Yoga, bei dem der Geist im Mittelpunkt steht (S. 86–87).

Dieser Hatha-Yogi nimmt die Kukkuta-*Stellung (Hahn-Stellung) ein, um die Lebenskraft (*Prana*) in seinem Körper zu lenken.*

ASANAS

Das bekannteste Yoga-Handbuch ist das *Hatha Yoga Pradipika*, das Svatmarama im 14. Jahrhundert n. Chr. verfaßte. Es ist ein praktischer Leitfaden für die Grundtechniken des Hatha-Yoga und führt 16 für die Meditation geeignete *Asanas* (Stellungen) an, wobei die meisten auf dem „Lotossitz" aufbauen.

Asana bedeutet wörtlich „Sitz", ursprünglich war damit wahrscheinlich der Boden gemeint, auf dem der Yogi beim Meditieren sitzt. Heute sind die *Asanas* die einzelnen Körperhaltungen des modernen Yoga. Im *Pradipika* sind die *Asanas* sehr genau beschrieben, da sie nicht nur die innere Sammlung fördern, sondern auch körperliche Leiden heilen und den Körper gesund halten.

CHRISTUS ALS YOGI

Der Legende zufolge verbrachte Jesus die Jahre, die in der Bibel nicht beschrieben sind, in Kashmir, um den Hatha-Yoga zu lernen. Manche Hindus, vor allem die schiwaitischen *Sadhus*, bezeichnen die Wundertaten und Fähigkeiten Jesu als Folge seines Yoga-Wissens. Daß er über das Wasser schritt und kleinere Wunder wie das Verwandeln von Wasser zu Wein vollbrachte, dient ihnen als Beweis dafür; denn diese *Siddhis* (Errungenschaften) sind eine Art Nebenprodukt des Yoga (S. 90–91). Vor allem der Kreuzestod Christi gab dem Mythos von Jesus als *Siddha* (Yoga-Meister) Aufschwung, denn Jesus starb angeblich nicht am Kreuz, er brachte vielmehr durch Atemkontrolle das Herz zum Stillstand und ahmte damit den Tod nach. Wie im Hatha-Yoga war ihm sein Körper Zeichen geistiger Größe. Er nahm die Sünden der Menschen auf sich, die dann durch Askese „verbrannt" werden. In der Legende heißt es, daß er nach drei Tagen tiefer Trance seinen Jüngern erschien und dann nach Kashmir zurückkehrte, wo er später sterben sollte.

Wie die hinduistischen Götter werden auch Christusbildnisse, etwa vor dieser Kirche in Bombay, mit Blumen geschmückt.

Die Fähigkeiten der Yogis

Zwei Frauen bei der Vorbereitung auf die berühmte Yoga-Kunst, über Feuer zu laufen.

In der hinduistischen, buddhistischen und dschainistischen Mythologie gibt es heilige Männer, die durch Askese die erstaunlichsten Fähigkeiten erlangen. Asketen werden in Indien wegen ihrer scheinbar magischen Kräfte, der Fähigkeit, die Gestalt zu verändern und wegen der Wirksamkeit ihres Fluchs geehrt und gefürchtet.

Siddhis sind „Errungenschaften" der Kunst des Yoga. Wer sie beherrscht, wird *Siddha* genannt, Meister über den Körper und die Kräfte der Natur. *Siddhis* sind ein „Nebenprodukt" des Yoga und können recht bald auftreten. Yogis dürfen nicht nach übernatürlichen Kräften streben, müssen sie aber als natürliche Folge der Askese und Zeichen des „Erfolgs" annehmen. Durch die Erkenntnis, daß die Welt nur *Maja* (Schein) ist, gewinnt der Yogi schöpferische Kraft zur Lenkung der *Maja* auf dem Weg zur „größten Errungenschaft" (*Mahasiddhi*), nämlich Erlösung (*Mokscha*). In der bekannten Schrift *Yoga-Bija* heißt es, wer die Sinne besiegt, kann durch Willenskraft verschiedene Formen annehmen und wieder zum Verschwinden bringen.

Die *Yoga-Upanischaden* kennen künstliche und natürliche Fähigkeiten des Yoga (*Kalpita-* und *Akalpita-Siddhis*). *Kalpita-Siddhis* sind vorübergehende Fähigkeiten, die man relativ leicht mit Hilfe von Kräutern, Ritualen, Magie, *Mantras* oder Elixieren erlangen kann. *Akalpita-Siddhis* bekommt man durch *Swatantrja* (Selbstvertrauen), sie sind dauerhaft und kennzeichnen wahre Yogis.

Es gibt viele Geschichten über Yogis mit den unglaublichsten Fähigkeiten. Sie sagen die Zukunft voraus, wachsen auf Bergesgröße an, entfachen Feuer im Körper, nehmen andere Gestalt an und lösen sogar das All auf.

Im indischen Volksglauben denkt man bei Yogis oft eher daran als an Erlösung vom Kreislauf von Tod und Wiedergeburt, doch in den Yoga-Schriften wird vor der Gefahr gewarnt, sich durch *Siddhis* vom Weg abbringen zu lassen. Man muß nicht nur die *Maja* transzendieren, sondern auch die Macht

In Maharishis Aschram in den USA gehören Levitationsübungen zur Ausbildung der Yogis.

schöpferischer Täuschung. Den *Yoga-Upanischaden* zufolge sollen die Asketen ihre *Siddhis* geheimhalten, um ihr ruhiges Leben nicht aufs Spiel zu setzen und nicht Stolz zu empfinden, der nur dazu führte, daß sie wieder vom *Karma* gefangen sind.

In einer Legende heißt es, daß Buddha an einem Fluß einen Asketen traf. Dieser erklärte, er sei 40 Jahre lang auf einem Bein gestanden und hätte daher die Fähigkeit, über das Wasser zu gehen. Er schritt über den Fluß, doch Buddha war unbeeindruckt und fragte ihn, wozu er 40 Jahre darauf verschwendet hatte, zu lernen, auf dem Wasser zu gehen, wo doch eine Fähre am Ufer lag.

Wie der dschainistische Furtbereiter Mahawira (S. 42–43) riet Buddha vom Einsatz solcher Kräfte ab. Seiner Meinung nach waren diese Siddhis weniger eine Hilfe beim Meditieren als vielmehr ein Hindernis auf dem Weg der Asketen zur Erlangung der *Mokscha*. Als mögliche Hilfe bei der Konzentration verurteilte er sie nicht, für gerechtfertigt hielt er ihren Einsatz aber nur, wenn sie zu Mitleid und Erleichterung des Leidens führten.

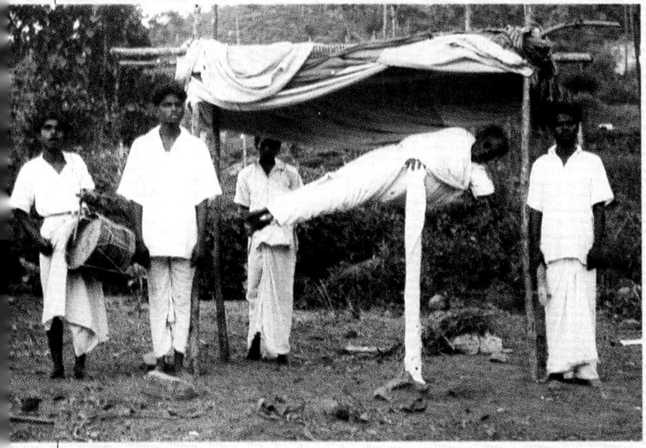

In Sri Lanka wird die Kunst der Levitation gezeigt. Der Darsteller stützt sich auf einen dünnen, mit Tuch umwickelten Stock.

LEVITATION

Yogis in Levitation sind für das Bild Indiens im Westen prägend. Levitation (*Laghiman*) gehört zu den acht großen Fähigkeiten; in den Yoga-Schriften heißt es aber, daß man sie nur im geheimen ausüben soll, um nicht der Welt anzuhaften. Levitation gilt als die Fähigkeit, wie ein Schilfrohr in der Luft zu schweben, und geht meist mit intensiven Übungen zur Atemkontrolle (*Pranajama*) einher.

DIE MAHASIDDHIS

Insgesamt gibt es auf dem Weg zur Erlösung acht *Mahasiddhis* (große Fähigkeiten), die man durch Askese und Buße erlangen kann: die Macht, zu verschwinden oder unsichtbar zu werden, (groß wie das All) zu wachsen, leicht zu werden und auf dem Wasser gehen oder schweben zu können, so schwer wie die Welt zu werden, unbeugsamen Willen zu besitzen, weiters „Meisterschaft", Macht über die Natur und die Macht, alle Wünsche zu erfüllen.

Ein Yogi vergräbt zum Zeichen der Buße den Kopf im Sand.

Prana

Prana bedeutet wörtlich „Kraft des Atems", im übertragenen Sinn jedoch meint man damit die Lebenskraft oder Lebensenergie, die allen lebendigen Wesen innewohnt. Durch die Technik des *Pranajama* (Atemkontrolle) soll die Lebensenergie ausgedehnt werden, Körper und Geist sollten verjüngt und der Körper soll in letzter Konsequenz unsterblich gemacht werden.

In den *Weden* wird die „kosmische Lebensenergie" oder „pulsierende Kraft" als *Prana* bezeichnet. Hier gibt es Parallelen zur hinduistischen Vorstellung, daß es den Klang vor der Erschaffung des Alls gab und die Schwingung der heiligen Silbe *Om* (S. 108–109) die Wirklichkeit zusammenhält.

In den *Upanischaden* wird die Seele (*Atman*) oft als *Prana* bezeichnet. Mehrere Stellen handeln von der Beziehung zwischen *Prana* und den fünf Organen des Selbst (Sprache, Atem, Sehen, Hören und Denken), die den fünf Naturkräften (Feuer, Wind, Sonne, Mond und Himmelsrichtungen) entsprechen.

Das *Atman* ist ein innerer Funke des äußeren *Brahman* (Göttlichen) und mit ihm identisch, das *Prana* ist die äußere und innere Lebenskraft. Es hat fünf Aspekte, die im Körper liegen: *Prana* (aufsteigender Atem) strömt vom Hals zum Herzen und steht für Ein- und Ausatmen. *Apana* (unter dem Nabel gelegen) stärkt die Gedärme und fördert die Ausscheidung von Unrat, *Samana* zwischen Herz und Nabel steuert die Verdauung, der Hinaufhauch (*Udana*) zwischen Hals und Gehirn ist für Gesicht, Augen, Ohren, Sprache und Gehirn verantwortlich und steuert den Zugang zu höherem Bewußtsein. Das *Wjana* durchdringt den ganzen Körper und erleichtert grundlegende Abläufe, wie etwa die Bewegung. Manchmal wird mit *Prana* und *Apana* das Ein- und das Ausatmen bezeichnet.

„Die Atemdehnung" (*Pranajama*) ist das vierte der acht Glieder von Patanjalis Radscha-Yoga (Königs-Yoga), der im Yoga-Sutra aus dem 2. Jahrhundert v. Chr. beschrieben wird (S. 86). Die Atemkontrolle, vor allem das Anhalten der Luft nach dem Einatmen, wirkt lebensverlängernd. Durch *Pranajama* wird die *Kundalini*-Schlange (S. 94–95) belebt und stimuliert, der Körper wird gestärkt und verjüngt.

Am wichtigsten dabei ist die Beherrschung des Geistes. Die Atemkontrolle ist die allerwichtigste Voraussetzung für den Yoga; es heißt, daß der Yoga ohne sie wie ein Versuch ist, in einem ungebrannten Tongefäß das Meer zu überqueren.

Die drei *Pranajama*-Phasen sind Einatmen, Anhalten und Ausatmen durch den rechten und linken „Kanal" (*Nadi*) der Nase.

Der linke Kanal (*Ida Nadi*) steht für das Weibliche, den Mond, die rote Farbe und den Tod und wirkt kühlend. Er beeinflußt die linke Körperseite und steuert das Denken. Das Ein- und Ausatmen durch das rechte Nasenloch (*Pingala Nadi*) steht für das Männliche, die weiße Farbe, die Sonne und das Leben und wirkt wärmend. Es beeinflußt die rechte Körperseite und reguliert dort den Fluß der Energie (*Schakti*). Ziel des *Pranajama* ist das Gleichgewicht zwischen linkem und rechtem Kanal, dadurch erlangt man geistige Erleuchtung, Gesundheit, Kraft und langes Leben.

ENERGIEKANÄLE

Bei jeder Atemphase wird ein bestimmtes Energiezentrum im Körper aktiviert und stimuliert und gibt dann seine Energie an Körper und Geist weiter. Die zerstörerische Energie entsteht durch übermäßige Konzentration auf den *Apana*-Atem. Durch das Ableiten der Energie nach oben zu den Energiezentren von Herz und Hals werden die negativen und positiven Kräfte und damit Körper und Geist vereint.

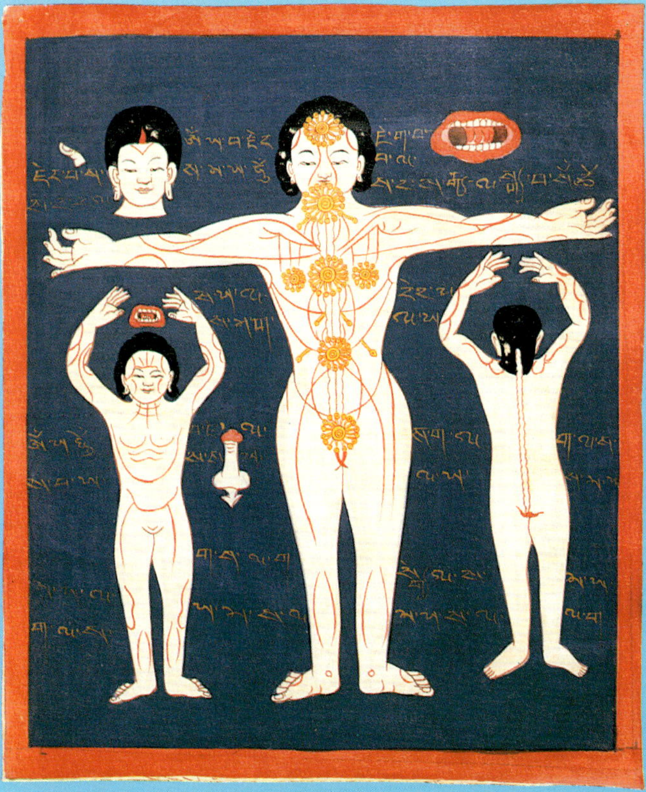

Auf diesem modernen Gemälde auf der Grundlage eines tibetanischen Bildes sind die Adern und die Zentren der Atemkontrolle eingezeichnet. Angeblich erlangt man durch Steuerung des Energieflusses durch die Atemkanäle vier Stufen von Yoga-Errungenschaften: „Transpiration", „Beben", „Froschhüpfen" und „Leichtigkeit" oder „Levitation".

DIE VIER VORAUSSETZUNGEN

Es gibt vier Voraussetzungen für sinnvolle *Pranajama*-Übungen: Die erste ist der rechte Ort (*Sthana*), er soll möglichst ruhig und kühl sein; die zweite ist die rechte Zeit (*Kala*), am besten eignet sich die Zeit vor Sonnenaufgang, wenn der Magen weder voll noch leer ist. Anfänger sollen die Übungen nur fünf bis zehn Minuten lang machen, Fortgeschrittene bis zu einer Stunde lang. Drittens braucht man die rechte Ernährung (*Mita-Ahara*), dazu gehört auch die rechte Stellung (am besten *Padmasana* oder *Siddhasana*). Man sitzt stets aufrecht und hält die Hände auf den Knien, die Augen sind geschlossen. Die Übung beginnt mit „normalem" Atmen und einem leeren Geist ohne Gedanken. Als vierte Voraussetzung müssen die Energiekanäle rein sein, wenn man den Atem „hineinfüllt" und „hinausstößt".

Kundalini

Beim Kundalini-Yoga (Schlangen-Yoga) versucht man, die gegensätzlichen Prinzipien Sexualität und Spiritualität durch Verschmelzung ihrer Energien im Körper zu vereinen. Im Tantrismus spricht man von männlichem und weiblichem Prinzip (Schiwa und Schakti). Vereint stehen sie für Wirklichkeit in ihrer Gesamtheit.

Die *Schakti* hat die Gestalt einer schlafenden Schlange (*Kundalini*), die sich dreieinhalb-, fünf- oder achtmal um das unterste „*Tschakra*" (*Muladhara*) schlingt. Dieses *Tschakra* liegt am Beckenboden genau in der Mitte der vier Fingerbreit zwischen Anus und Genitalien. Sein Mund öffnet sich über dem Tor zum *Brahman* (dem Eingang zum *Suschumna*); der mittlere Energiekanal führt die Wirbelsäule entlang zum höchsten Energiezentrum (*Sahasrara*) auf dem Kopf. Dort, in der tausendblättrigen Lotosblüte, ist der Sitz Schiwas. Das Ziel des Kundalini-Yoga ist das Wecken der schlafenden Schlange, die sich entrollt und den *Suschumna*-Kanal hinauf zur tausendblättrigen Lotosblüte, zum reinen Bewußtsein der Einheit aus Körper und Seele bewegt.

Die wichtigste Technik der *Sadhakas* (Anhänger) dieser Yoga-Art ist *Pranajama* (S. 92–93). Der *Sadhaka* sitzt in einer bestimmten Stellung (*Asana*) und bringt den Geist zur Ruhe, indem er sich auf einen Punkt an der Nasenwurzel konzentriert. Durch Atemkontrolle und Atemgleichgewicht zwischen linkem und rechtem Atemkanal (*Ida Nadi* und *Pingala Nadi*) entsteht ein inneres Feu-

*Auf diesem tantrischen Manuskript aus dem 19. Jahrhundert ist die eingerollte Schlange (*Kundalini*) als eines der vier Meditations-*Tschakren *abgebildet.*

er, das die Schlange vom Schlaf erweckt.

Die Schlange wandert nach oben, wodurch sich hinter ihren Windungen das Tor zum *Brahman* öffnet und den Zugang zum mittleren Kanal freigibt. Der übrige Körper wird dann „devitalisiert", indem man den Atem (*Prana*) vom linken und rechten Kanal wegleitet und mit seiner ganzen Energie zum *Suschumna* lenkt. Die beiden Kanäle (*Ida* und *Pingala*) sind dann „tot", so daß die *Kundalini*-Schlange sich entrollen kann. Auf ihrem Weg erblüht die Lotosblume wie zum Willkommen, eine Flamme entsteht und vereinigt sich mit der Schlange. Beim Durchdringen der einzelnen Lotosblumen nimmt sie deren Energie auf und läßt sie im Zustand der Auflösung (*Laya*) zurück.

Die Schlangenenergie füllt die Leere und steigt weiter auf zum Erleuchtungs-*Tschakra Sahasrara*. Dort bleibt sie nur kurz und kehrt dann wieder in ihre Ausgangslage nach unten zurück. Auf- und Abstieg der Schlange soll man wiederholt üben und bewußt immer länger im obersten *Tschakra* verweilen. Ist die Vereinigung vollkommen, ist man erlöst.

DIE „KNOTEN"

Der Aufstieg der Schlange wird von einer Reihe von *Granthis* (Knoten) behindert, in denen die Macht der Scheinwelt besonders groß ist. Man spricht oft von *Tri-Granthi*, den drei Knoten von Brahma, Wischnu und Rudra. Sie liegen in den *Tschakren* des Bauchraums, des Halses und der unteren Kopfhälfte und behindern den Aufstieg zum obersten *Tschakra*. Das Durchdringen dieser Knoten ist so, als würde man glühendes Eisen durch einen Bambusstab treiben. Am schwierigsten ist der Bauchknoten zu überwinden, es kommt dabei oft zu Schmerzen und Krankheiten.

DIE TSCHAKREN

Die meisten tantrischen Schulen lehren die Existenz von *Tschakren* (Energiezentren) im mittleren Körperkanal, das siebte *Tschakra* ist die tausendblättrige Lotosblüte auf dem Kopf. Jedes *Tschakra* ist eine Lotosblume mit einer bestimmten Blattzahl. Am Beckenboden sitzt das gelbe, quadratische *Muladhara-Tschakra* mit vier Blättern. Auf der Höhe der Geschlechtsorgane liegt das runde *Svadhischthana-Tschakra*, es ist weiß und flüssig und hat sechs Blätter. Im Nabel befindet sich das rot glühende, dreieckige *Manipura-Tschakra* mit acht Blättern. Das zwölfblättrige *Anahata-Tschakra* in der Herzgegend ist grün und luftig. Am Hals hat man das sechzehnblättrige *Vishuddha-Tschakra,* es ist ein graues, ätherisches Büschel. Das *Ajna-Tschakra* zwischen den Augen ist eine zweiblättrige Lotosblüte und steht für die Vereinigung des Männlichen und des Weiblichen.

*Zwei Beispiele des kosmischen Menschen (*Puruscha*) und seiner* Tschakren.

Meditation

Diese Statue aus Tamil Nadu stammt aus dem 16. Jahrhundert; sie stellt einen bärtigen Weisen bei der Meditation dar.

Durch Meditation (*Dhjana*) erlangt der geläuterte Körper die tiefste Konzentration und Ekstase (*Samadhi*) und somit das oberste Ziel und letzte Glied des Radscha-Yoga (S. 87). Das Selbst geht ganz im Göttlichen auf. Im Buddhismus wurden die Visualisierungstechniken, die bei jeder Art des Yoga wichtig sind, besonders eindrucksvoll verfeinert. Nur durch „gerichtete" Konzentration auf ein einziges Meditationsobjekt kommt der Geist zur Ruhe und wird das Selbst ausgelöscht.

Dhjana ist der Yoga der Meditation, das siebte der acht Glieder von Patanjalis Radscha-Yoga. Meditation läutert den Körper und befreit ihn von den Fesseln des *Karma* (S. 24–25), das ihn im Kreislauf der Wiedergeburten gefangenhält. Wenn man sie beherrscht, wird der Geist nicht mehr abgelenkt und kann in der Meditation über das Absolute verharren. In der *Bhagawadgita* (S. 60–61) steht der Yoga der Meditation als Pfad zur Erleuchtung über den Schriften und der Erkenntnis (*Jnana*). Wie Krischna lehrt, soll der Geist, der von den Widersprüchen vieler Schriften erschüttert wird, unerschütterlich in göttlicher Kontemplation verharren, dann erreicht er das Ziel des Yoga. Das ist Patanjalis sechstes Glied, die Konzentration (*Dharana*), die man in der Meditation transzendieren muß, um die Bewußtheit des Selbst zu verlieren.

In den Yoga-Texten aus dem ersten vorchristlichen Jahrtausend wird zwischen (gestützter) *Saguna*- und (ungestützter) *Nirguna*-Meditation unterschieden. Letztere bedeutet vollkommene Versenkung des Meditierenden und gilt als zu schwierig für die meisten Menschen. Daher wird die *Saguna*-Meditation gelehrt, bei der man sich auf ein bestimmtes Meditationsobjekt konzentriert, entweder ein heiliges Objekt wie eine Gottheit, ein *Mandala* oder *Jantra* (S. 101), oder aber einen einfachen Gegenstand wie etwa einen Stein oder ein Blatt. Nicht in Frage kommen Gegenstände, die Wünsche hervorrufen.

Die Boddhisattvas des Mahajana-Buddhismus (S. 38–39) sind keine Gottheiten, auch wenn ihre Bildnisse oft verehrt werden, sondern vielmehr einzigartige Meditationsobjekte, von denen man sich jedes Detail einprägt und die man dann als inneres Bild erstehen läßt. Durch Vertiefen der Konzentration verinnerlicht man das Objekt aufgrund der Visualisierung. Bei den komplizierteren Techniken des Mahajana-Buddhismus wird größte Intensität erreicht, man stellt sich jedes einzelne Haar des Boddhisattva vor, bis das innere Bild so klar ist, als würde man es mit den äußeren Augen sehen. Wenn die Unterscheidung zwischen Subjekt und Objekt verschwindet und man sich der Meditation nicht mehr bewußt ist, erlangt man den Zustand der Ekstase (*Samadhi*).

DIE DREI HINDERNISSE

Es gibt drei Arten des Denkens, die den Geist an der Konzentration hindern.

Die erste ist *Wichara*, das Nachdenken über existentielle Fragen, auf die es keine Antwort gibt, etwa die Frage „Wer bin ich?“ oder „Was ist Realität?“. Die zweite ist *Witarka*, die Vielzahl negativer Gedanken, die aus der Erfahrung stammen. Patanjali empfahl, ihnen einen positiven Geisteszustand, wie etwa Mitleid, entgegenzusetzen. Das dritte Hindernis ist *Wiweka*, das heißt, man ist sich der Dualität der Welt bewußt und bleibt ihr verbunden.

Die friedliche Ruhe des Gangotri am Oberlauf des Ganges machen ihn zu einer beliebten Meditationsstätte.

DHJANA-ASANA

Den Lehrern des *Dhjana-Asana* zufolge soll man für die Meditation einen ruhigen, kühlen Ort wählen. Dort nimmt man die Grundhaltung ein. Man setzt sich mit gekreuzten Beinen hin, die Knie berühren den Boden, der Rücken ist aufrecht. Die Hände hält man in der Geste *Dhjana Mudra* („Siegel der Meditation“): die linke Hand liegt mit der Handfläche nach oben auf den gekreuzten Beinen, die rechte Hand liegt, ebenfalls mit der Handfläche nach oben, darauf, die Daumenspitzen berühren einander.

Tantrische Diagramme, wie etwa dieses bunte Mandala *aus dem 18. Jahrhundert, fördern die Konzentration.*

Mantras

„Om mani padme hum“ („Om! Das Juwel ist im Lotos“) ist das mächtigste Mantra *des Buddhismus. Hier wurde es auf einer Straße in Kathmandu an die Wand geschrieben.*

Das Wort *Mantra* kann verschieden übersetzt werden, es kommt vom Sanskrit-Wort *man* (denken). Ein *Mantra* ist ein Gedanke, der von einem heiligen Wort umschlossen wird und tiefe spirituelle Bedeutung hat. Der Wortklang spielt in der hinduistischen Gedankenwelt eine wichtige Rolle. Manchen Autoren zufolge gab es den Ton vor der Erschaffung des Alls, seine Schwingungen halten die Atome der Welt zusammen. *Mantras* sind heilige Silben, in denen bestimmte Formen kosmischer Macht (*Schakti*) eingeschlossen sind. Es gibt unterschiedliche *Mantras*, etwa das *Bija-Mantra* (Samenmantra), dessen Energie den menschlichen Körper und das All durchdringt. Die Gottheiten sind Ausdruck des *Bija-Mantras*: mit Schiwa etwa ist das *Mantra „hrim“* verbunden, mit Kali die Silbe *„krim“*.

Ein *Mantra* muß keine Wortbedeutung haben, wichtig ist sein Klang. Komplexe *Mantras*, die aus einer Abfolge heiliger Silben bestehen, werden oft auch ohne Kenntnis ihrer genauen Bedeutung rezitiert. Viele heilige Schriften des Hinduismus, etwa die *Weden*, wurden von einer Generation zur nächsten – oft nur mündlich – weitergegeben, obwohl nicht alle das alte Sanskrit verstanden, in dem sie überliefert sind. Wenn ein Gläubiger die heiligen Silben rezitiert, nimmt er die im Klang enthaltene Kraft in sich auf. Das „Grundmantra“ *Om* (S. 108–109) gilt als der Klang, durch dessen Schwingung das All erschaffen wurde. Wer es rezitiert, hat an der Macht der Schöpfung teil. Die *Schakti* des *om* durchdringt das All, daher umfaßt der Ton dieses *Mantras* die gesamte Bandbreite menschlicher Laute, es beginnt im Rachen hinten mit einem „A", gefolgt vom heiligen Summen des mittleren Teils, zuletzt werden die Lippen im „M" geschlossen.

Wenn ein Gläubiger nach Meinung des Gurus nicht genug spirituelles Wissen für den Hatha- oder Radscha-Yoga hat, empfiehlt er vielleicht, zunächst zwölf Jahre lang heilige *Mantras* zu rezitieren. Der *Mantra*-Yoga ist ein Pfad, der allmählich zur Weisheit führt. Man kann dabei viele *Siddhis* (Fähigkeiten) erlangen. Bei orthodoxen Hindus gilt der *Mantra*-Yoga oft nach wie vor als magischer Weg, dessen Ursprung in den Rezitationen der wedischen Priester beim Opferritual liegt. Das Ansehen dieser Brahmanenpriester hing mit deren angeblicher Fähigkeit zusammen, durch Hervorbringen der richtigen Töne die Götter zu beschwören und damit Macht selbst über die Götter zu haben. Im Hinduismus hat der Guru im *Mantra*-Yoga ähnliche Kenntnisse; das *Mantra* seines Schülers ist nutzlos, wenn ihm der Guru keine rituelle Macht verliehen hat.

TÖNE

Der Lehre zufolge gibt es vier Arten von Tönen (*Schabda*): *Para Schabda*, der höchste Ton, ist der komplizierteste und entsteht im untersten *Tschakra*. Der sichtbare Ton (*Pashjanti Schabda*) wird mit dem Herz in Verbindung gebracht und zeigt sich in der heiligen Silbe *Om*. *Madhjama Schabda* (der mittlere Ton) umfaßt die Grundlaute des Sanskrit-Alphabets und ist die Quelle der sekundären *Mantras*. Der manifeste Ton (*Vaikhari Schabda*) ist der Klang der menschlichen Sprache und gilt als unterste Stufe.

Rechts von einer Mani-*Wand mit einem „Juwelen-*Mantra*" zu gehen, bringt dem Gläubigen dieselbe Macht wie das Rezitieren des* Mantras.

DSCHAINISTISCHE MANTRAS

Das berühmteste dschainistische *Mantra* ist das *Panchanamaskara-Mantra* („die fünf Ehrungen"), es wird bei praktisch jedem Ritual und jedem religiösen Anlaß rezitiert. Wie das dschainistische Universum hat es keinen zeitlichen Ursprung und wurde von keinem Menschen geschaffen. Der modernen Wissenschaft zufolge stammt es jedoch aus dem 2. Jahrhundert v. Chr.

Anders als die hinduistischen *Mantras* hat dieses *Mantra* eine bestimmte Bedeutung. Es besteht aus fünf „Gebeten" an die fünf größten dschainistischen Asketen, die *Parameshthins* („die auf der höchsten Stufe Stehenden"). Sie lauten: „Ehre den Allwissenden. Ehre den Befreiten. Ehre den Lehrern. Ehre den geistigen Führern. Ehre allen Mönchen." Durch dieses *Mantra* erlangt man außergewöhnliche Fähigkeiten (*Siddhis*), etwa, in der Luft zu schweben oder bei menschlichen und übermenschlichen Angriffen unverletzt zu bleiben. Es führt auch zu weltlichem Erfolg, zum Sieg über den Stolz und schwächt die Übermacht des Selbst. Da es das *Karma* aus früheren Leben „verbrennt", ist seine Macht ebenso groß wie die der Askese.

Mandalas

Mandalas sind Diagramme, die das All darstellen. In der hinduistischen und buddhistischen Tradition sind sie eine Meditationshilfe und Teil heiliger Rituale. *Mandalas* werden auf Stoff oder Papier gemalt, aus Holz oder Bronze gefertigt, mit Farbpulver oder Fäden auf den Boden gezeichnet. Ihre Fertigstellung dauert oft Monate.

Im Sanskrit bedeutet *Mandala* „Kreis". Die *Mandalas* symbolisieren daher vor allem die kreisförmige Einfassung der „heiligen Stätte". Der Punkt in der Mitte des *Mandala* (*Bindu*) steht für den Berg Meru, dem mythischen Berg in der Mitte des Universums, zu dem man in der Meditation auf dem Weg zur Erleuchtung „reist".

In der Vorstellung des Hinduismus wird der Weltraum von einem Netz aus Kraftlinien in Nord-Süd- sowie West-Ost-Richtung unterteilt. Die Linien laden das All mit göttlicher Energie auf. Im *Mandala* werden sie durch ein Netz aus Dreiecken oder Quadraten dargestellt, an den Schnittpunkten ist besonders große Energie konzentriert. Die hinduistischen Tempel haben die Struktur eines *Mandala*, ein Netz aus einander überschneidenden Bauelementen steht für die kosmischen Kraftlinien, durch die zahlreiche Orte der Kraft ent-

Das wichtigste und komplexeste Jantra *des Tantrismus ist das* Shri Jantra-Mandala. *Das äußere Quadrat enthält sechs konzentrische Kreise, die neun ineinander verschachtelte Dreiecke (Symbole für männliche und weibliche göttliche Energie) umschließen. Fünf weibliche Dreiecke zeigen nach unten, die anderen vier sind männlich. Aus dieser Anordnung entsteht ein Geflecht aus 43 Dreiecken, die je eine hinduistische oder tantristische Gottheit „beherbergen". Meist hat das* Mandala *zwei äußere Kreise aus acht und 16 Lotosblättern und ganz außen ein schützendes Quadrat, das „Welthaus". Das gemalte* Mandala *auf diesem Bild stammt aus dem 18. Jahrhundert und kommt aus Rajasthan.*

stehen. Der „heilige Ort" im *Mandala* symbolisiert das Universum. Durch das Umschließen dieses Ortes wollen die Gläubigen die darin enthaltene Kraft (*Schakti*) der Götter umfassen. Zugleich steht er für das Bewußtsein darin, so daß man durch Meditation über ein *Mandala* mit dem Kosmos verschmelzen kann.

Fortgeschrittene Yogis konzentrieren sich auf ein *Mandala*, bis sie es „auswendig" können. Dann rufen sie sich das Bild des *Mandala* ins Gedächtnis und verschmelzen es mit dem Kosmos, für den es steht. Der Yogi betritt dann das *Mandala* und geht die Kraftlinien entlang zum Berg Meru. Beim Betreten des heiligen Ortes im *Mandala* löst sich das Individuelle im größeren Selbst auf und wird dann wieder in den Zustand der Bewußtheit zurückgeführt.

Im Tantrismus (S. 110–111) gibt es eigene Formen des *Mandala*, die *Jantras*. Sie sind verdichtete Symbole des Alls in Form abstrakter Linien und Farben, die bei der Meditation helfen. In einem Quadrat mit vier Toren, das der Tempelmauer ähnelt, befindet sich eine Darstellung des tantrischen Universums, das von Dämonen und Göttern bewohnt wird, die in ihrer Vielfalt die *Schakti* der Göttin darstellen. Die Göttin wird durch Dreiecke symbolisiert, die wiederum für die Vulva (*Joni*) stehen. Der Ausgangspunkt (*Bindu*) des *Jantra* steht für die Göttin Tripura, die Wurzel des Universums, und den heiligen Samen *Bija*.

JUNG

Jung befaßte sich viel mit *Mandalas* und veröffentlichte mehrere Studien über *mandala*-ähnliche Strukturen in den Träumen und Kritzeleien seiner Patienten. Sein Interesse führte ihn nach Indien, wo er in der tantrischen Auflösung und Erneuerung des Selbst Ähnlichkeiten mit seiner „Individuation" erkannte, im Zuge derer das individuelle Bewußtsein mit dem mythischen Gehalt des „kollektiven Unbewußten" vereint wird.

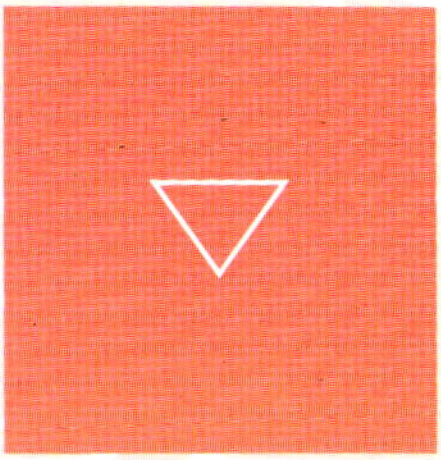

OBEN *Die drei Entstehungsphasen des komplizierten* Shri Jantra-Mandalas. *Drei nach unten weisende und zwei nach oben zeigende Dreiecke bilden die Grundlage des Diagramms.*

LINKS *Eine Frau gestaltet im Dorf ein* Mandala *mit neun sitzenden Göttinnen in Form einer Lotosblüte.*

Ritual und Kunst

Durch Rituale können die Gläubigen dem Alltag entfliehen und in engen Kontakt mit der *Schakti* (Macht) der Götter treten. Durch besondere Gewänder, Klänge, Bewegungen und eine feierliche Sprache wird das Heilige des Rituals verdeutlicht.

Puja ist ein tägliches Ritual, mit dem man die Nähe zum Göttlichen sucht. Im innersten Heiligtum der Tempel, die Götterbilder beherbergen, wird der Gläubige mit Kaskaden aus Blumen und Tönen empfangen. Im ländlichen Südindien nehmen bei der Verehrung der Muttergöttin Amman lautes Trommeln und ekstatische Tänze die Sinne der Gläubigen gefangen. Dadurch verschwimmt ihre Eigenpersönlichkeit, und sie werden von göttlicher Kraft erfüllt.

Der Tantrismus ist die am stärksten ritualisierte Strömung in Indien. Seine Anhänger wollen durch Rituale das Erleben verstärken, alle Sinne werden stark angesprochen, damit sich die Freude in Energieströme wandelt, deren Beherrschung zur Erlösung (*Mokscha*) führt. Zum tantrischen Initiationsritus gehört oft Geschlechtsverkehr mit einer weiblichen „Trägerin der Kraft", wodurch Gegenpole, wie männliche und weibliche Energie, Körper und Geist, Irdisches und Göttliches, miteinander verschmelzen.

Kinder bestreichen den Tempelboden mit Erde und Blättern. Diese rituelle Reinigung geht dem hinduistischen Frühlingsfest Holi voran, das zum Märzvollmond stattfindet. Bei diesem Fest sind die Einschränkungen durch Kaste, Geschlecht und Alter aufgehoben, die Jungen haben dabei alle Freiheiten.

Puja

Tanzende Gläubige beim Fest Durga Puja *vor der zehnarmigen Göttin Durga.*

Puja ist eine hinduistische Zeremonie zur Verehrung eines Götterbilds, es kann sich dabei um ein einfaches Ritual zuhause oder eine prunkvolle öffentliche Feierlichkeit handeln. Die Rituale sind je nach Ort und Glaubensrichtung unterschiedlich, im wesentlichen hält man sich aber an Regeln der *Schastras* und *Agamas* (heilige Texte), so daß die Rituale seit 2000 Jahren wenig verändert wurden.

Beim Ritual wird die als Bild anwesende Gottheit wie ein Ehrengast behandelt. Die Tempelikone wird in einer ausgefeilten Zeremonie aufgestellt, es gibt genaue Vorschriften für ihre Plazierung und Ausschmückung. Als erstes erfolgt die Weihe durch Tempelpriester, die *Mantras* (S. 98–99) rezitieren und das Bild mit Weihrauch und Kampfer „reinigen“. Dann laden sie die Gottheit dazu ein, in das Bild herabzusteigen. Zuletzt hauchen sie der Ikone noch Atem ein und öffnen ihr rituell die Augen.

Wischnu und seine *Awataras* (S. 50–51) sind auf vielen Bildern als Menschen dargestellt, Schiwa dagegen wird im Phallussymbol *Linga* verehrt, einem kurzen, zylindrischen Stumpf in einem *Joni*, dem Symbol der kosmischen Vulva (S. 66–67).

Puja-Rituale werden meist zweimal täglich, zu Sonnenaufgang und zu Sonnenuntergang, gefeiert, manchmal auch mittags und um Mitternacht. Der *Pujari* (Ritualpriester) ist für das Wohlergehen der Ikone verantwortlich. Er kann das Ritual auch allein durchführen. Zuerst reinigt er sich mit geweihtem Wasser und öffnet dann die Tür zum inneren Heiligtum. Tempel-

RITUALE IM SABARIMALA-TEMPEL

In den meisten Tempelikonen ist die Macht eines Gottes nur vorübergehend enthalten, wenn der Gott abends und morgens geweckt wird. In manchen Tempeln wohnt eine Gottheit aber auf Dauer, dort werden ihr zu Ehren besonders kunstvolle *Puja*-Rituale vollführt.

Im Sabarimala-Tempel in Südwestindien, mitten im Regenwald an der Grenze zwischen Kerala und Tamil Nadu, wohnt der hinduistische Gott Ayyappan (S. 76–77). Die Pilger wandern den ganzen Tag durch den Regenwald, sie sind in schwarze Lendentücher (*Dhotis*) gekleidet und tragen Stoffbeutel mit zwei Kammern (*Irrumudi*) auf dem Kopf. Sie enthalten zwei Kokosnüsse, eine ist mit Büffelmilchbutter gefüllt, die zweite ungeöffnet. Die erste symbolisiert die Seele, umhüllt von der Kokosschale, die die drei Augen Schiwas trägt. Die zweite steht für das Selbst. Bei der Ankunft im Tempel zerschlägt man diese Frucht am Fuß der 18 goldenen Stufen, der Symbole für 18 Laster, die man überwinden muß, um eins mit der Gottheit zu werden. Manche Gläubigen praktizieren den Ritus *Snanam Pradakschina*, um Ayyappans Kraft aufzunehmen. Sie rollen dabei mit vom Bad nassem Körper dreimal um die innere Einfriedung des Tempels.

*Sabarimala-Pilger tragen Beutel (*Irrumudi*) mit Opfergaben auf dem Kopf.*

musiker schlagen nun die Trommel und blasen große Hörner, oder der Priester läutet einfach eine Glocke und klatscht in die Hände, um den schlafenden Gott zu wecken. Nachdem er sie um Erlaubnis gebeten hat, wäscht der *Pujari* eine menschenähnliche Statue, salbt sie mit Ölen, Kampfer und Sandelholzpaste und schmückt sie mit Girlanden und Tüchern.

Lingas werden mit Milch und Wasser aus einem heiligen Fluß gewaschen. Die Flüssigkeit strömt über das *Linga* ins *Joni* darunter und dann in eine Auffangrinne. Sie ist durch die Berührung mit dem Gott geweiht. Das *Linga* wird mit *Ghee* (Büffelmilchbutter) und Sandelholzpaste bestrichen und mit Blumen geschmückt. Beim „leichten" Ritual *Arti-Puja* dreht man eine Metallschale mit mehreren brennenden Dochten vor dem *Linga*. Die Gläubigen halten die Hände über die Flamme und erlangen somit den Segen (*Darschana*) der Gottheit.

Die verschlossene und die mit Büffelmilchbutter gefüllte Kokosnuß des Puja-*Rituals.*

Beim Ritual Linga-Puja *werden zur Verehrung Schiwas* Linga *und* Joni *mit Blättern geschmückt und mit Blüten bestreut.*

Frauen in Trance

Die Rolle der Frau reicht bei den religiösen Festen von der Essensbereitung (oben) bis zur Vollführung des Puja-*Rituals (rechts).*

Die südindische Muttergöttin Amman (S. 20–21) ist den anderen Muttergöttinnen Indiens sehr ähnlich. In ihr sind die scheinbaren Gegensätze von Lebensspenderin und Todbringerin vereint. Als Mutter ist sie eine gütige Schutzgöttin, die Dorfbewohner fürchten aber ihren Zorn und ihre Blutrünstigkeit. Götter wie der heldenhafte Ayyappan (S. 76–77) stehen für das Dorf, für Ordnung und Zivilisation, Amman dagegen für den Wald, die Gefahr und die primitive Welt der Gewalt und des Opfers.

Amman geweihte Tempel haben keine Stufen und Wände und kein inneres Heiligtum, sie stehen meist am Dorfrand unter einem heiligen Banyan-Baum oder auf einer Waldlichtung. Die Dorfgottheiten sind meist in Menschengestalt dargestellt, Amman aber oft nur als einfache Steinikone in Form eines Hügels oder kleinen Menhirs. Links und rechts davon stehen Ikonen alter Schlangengötter. Die überhängenden Zweige naher Bäume sind oft mit Bändern und kleinen, schwarzen Ringen geschmückt.

Die Dorfgötter werden meist von Männern verehrt, Amman dagegen vor allem von Frauen. Für den Götterkult gibt es feste Regeln, Amman hingegen wird mit ekstatischer Trance, Selbstvergessenheit und Opfern verehrt. An günstigen Tagen, etwa am Freitag nach dem Vollmond, wird ihr Hühnerblut dargebracht, sonst opfert man Marihuana und Betelnuß.

An Festtagen nehmen die Dorffrauen zur Förderung der Trance Marihuana, Alkohol und Betelnuß zu sich. Eine Augenzeugin beschreibt das Ritual so:

Eine Frau bei der Verehrung von Schlangensteinen, die unter einen Baum gestellt und mit scharlachrotem Pulver verziert wurden.

„Die Frauen versammelten sich um die Amman-Ikone ... der Trommelrhythmus wurde immer schneller, und nach der anfänglichen Reinigungszeremonie zerbrach der *Pujari* eine Kokosnuß auf dem Stein.

Dies signalisierte den Beginn des Rituals. Die Frauen begannen zu tanzen und betrunken zum Klang der Trommeln herumzuschwanken. Bald war eine Frau „von Amman besessen“ und tanzte wie in Trance. Andere berührten den Boden, auf dem sie tanzte, um die Macht der Göttin aufzunehmen. Wieder andere folgten ihr in stolpernden Drehungen und hielten sich ebenfalls für besessen, bis der Tanz mit einem letzten Trommelschlag endete. Die Frauen verharrten schweigend, und der *Pujari* besprengte sie mit Wasser.“

DIE ROLLE DER FRAUEN

Manchen Anthropologen zufolge verfallen Frauen in Trance, um auf diese Weise öffentlich sprechen zu können. Indien ist eine Männergesellschaft, die Frauen spielen zuhause und in der Öffentlichkeit eine untergeordnete Rolle. Dennoch durchbrechen sie die Schranken ihres niedrigen Status, wenn die Göttin – die nicht aus dem Dorf, sondern von außen kommt und die Urkräfte des Waldes darstellt – von ihnen Besitz ergreift.

Bei einem Fest in Kerala umringen die Frauen eine andere Gläubige in Trance, um sie zu berühren.

DIE IKONE AMMANS

Einer Legende aus Kerala zufolge wollte ein *Pujari* aus dem Dschungeldorf Achenkovil der Göttin Amman eine Opfergabe reichen. Die Göttin war erzürnt und aß ihn auf, nur Haare und Nägel blieben unter der Ikone zurück, wo sie ein zweiter *Pujari* fand. Die Göttin spürte noch mehr Zorn und Hunger, so daß die Dorfbewohner voller Angst nach dem berühmten Asketen Tandri sandten. Er vollführte ein Yoga-Ritual zur Besänftigung Ammans, nahm die Steinikone, drehte sie auf den Kopf und wieder zurück und spaltete sie in zwei Teile. Da die Dorfbewohner glaubten, daß der unzerteilte Stein die gesamte Macht der Göttin einschloß, war die Macht nun aufgeteilt.

Om

Die Schreine und Wege des Inseltempels von Omkaresvera bilden das Om-*Zeichen. Auf diesem modernen Plakat ist auch das Tempel*-Linga *(kleines Bild rechts oben) enthalten.*

Die indische Philosophie lehrt, daß die Materie aus Klang entstand. Der heiligste aller Klänge, die Silbe *Om*, ist älter als das All, aus ihr entstanden die Götter. Diese „Grundsilbe" (*Mula Mantra*) erzeugt die kosmische Schwingung, die die Atome des Himmels und der Erde zusammenhält. Daher sind alle scheinbar festen Gegenstände und Wesen nur Ausdruck von Urklängen.

Da die Silbe *Om* vor den Dingen da war, wird sie als Gebetsanrufung oder heiliger Gesang eingesetzt, oft ist sie das Schlußwort, vergleichbar mit dem jüdischen und christlichen *Amen*. Beim Yoga ist *Om* ein wichtiger Teil der Klangmeditation.

Das stilisierte *Om*-Zeichen (ganz rechts) findet man in Indien an den Tempelwänden, auf Wahlplakaten, Bussen und Lastwagen. Es ist ein Symbol für die Religion an sich und besonders den Hinduismus. Manchmal steht es für die Einheit aller Religionen im Zeichen eines Gottes.

Die *Mandukja Upanischad*, die zwischen 400 und 200 v. Chr. entstand, befaßt sich mit Theologie und Bedeutung des *Om*. Die Silbe wird als „Bogen" beschrieben, der den „Pfeil" des Selbst (*Atman*) auf das „Ziel" des Absoluten (*Brahman*) schießt. In der *Maitrajanija Upanischad* ist *Om* der Laut des lautlosen Absoluten, die eigentliche Form der transzendenten kosmischen Energie.

Om besteht aus vier Teilen, den drei Lautelementen (A-U-M) und einem lautlosen vierten Element. Die ersten beiden erheben das Feuer und Licht des

Bei den Prozessionen des hinduistischen Festes Ramlila wird ein glitzerndes Om-*Zeichen als Sitz des Gottes Krischna und seiner Lieblingsgefährtin Radha mitgeführt.*

TRIPUNDRAKA

Die drei Querstreifen auf Schiwas Stirn bezeichnet man als *Tripundraka*. Die Anhänger Schiwas tragen sie zum Zeichen der Verehrung und um ihm ähnlich zu sein. Meist bestehen die Streifen aus Asche oder gemahlener Sandelholzpaste, sie sollen das Gehirn bei der Meditation kühlen. Wichtiger ist ihre Bedeutung als Symbol der drei Elemente des *Om*. Schiwa hat drei Augen, eines davon in der Mitte der Streifen, und er trägt einen Dreizack (*Trischula*). Er steht auch für den Mond, der in seinem Haar hängt. Es gibt drei Mondphasen (zunehmend, abnehmend und Vollmond), die durch den vierten Aspekt, den Urton *Om*, mit Energie geladen werden.

Auf dem Plakat ist die heilige Familie abgebildet; Schiwa trägt die Tripundraka-*Streifen auf der Stirn und Ganescha ein* Om-*Zeichen auf der Hand.*

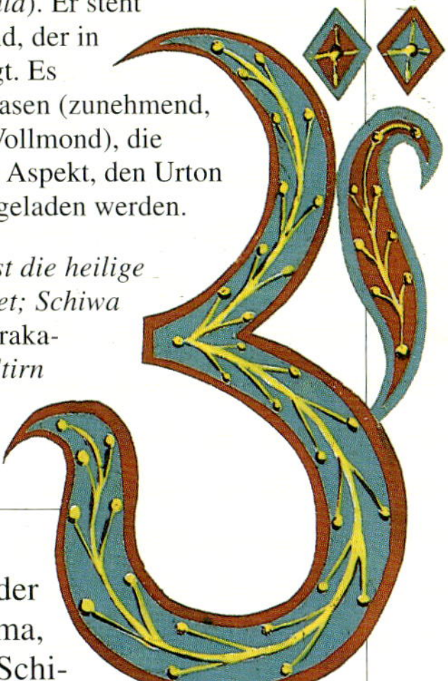

kosmischen *Linga* (S. 66–67) und den „Schoß“ der Natur oder die kosmischen Wasser. Im Sanskrit vereinen sie sich zum *O*. Das *M* symbolisiert diese Vereinigung scheinbarer Gegensätze des irdischen Lebens, Feuer und Wasser. Sie zeigt sich in der stilisierten Form der Silbe, einer Schlangenlinie, die der Doppelform (der 3) des zweigliedrigen Symbols entwächst. Das vierte Element, der Punkt (*Bindu*) über dem Halbmond (s. links) steht für den absoluten Geist (*Brahman*), der den anderen drei Teilen innewohnt.

Das Zeichen symbolisiert die hinduistische Dreieinigkeit der Götter Brahma, Wischnu und Schiwa, die vom vierten Element transzendiert wird. Die *Mandukja Upanischad* bringt es mit den vier Bewußtseinszuständen Wachen, Schlaf, Traum und Turiya, dem bewußtseinsüberschreitenden und transzendentalen Selbst, in Verbindung.

Das *Om*-Symbol wird oft als Ausdruck des *Brahman* betrachtet, des Selbst, das die *Trimurti*, die hinduistische Trinität (S. 48–49) der Götter Brahma, Wischnu und Schiwa transzendiert und vereint. Zugleich steht es für die Zeit (Vergangenheit, Gegenwart und Zukunft) und deren Transzendenz sowie für die drei großen heiligen Schriften *Rigweda*, *Samaweda* und *Jadschurweda*.

Tantra

Erotische Plastiken auf einem Tempel aus dem 11. Jahrhundert in Khajuraho in Uttar Pradesh. Bei den tantrischen Ritualen spielt der Geschlechtsverkehr eine wichtige Rolle.

Das Tantra ist eine recht unorthodoxe Form des Yoga. Es ist ein mystischer, aber klar vorgegebener Pfad zur ekstatischen Befreiung durch Lenkung der unendlichen Energie von Körper und Seele, ein Yoga des Handelns und keine abstrakte Kontemplation. Die Tantrikas (Tantra-Anhänger) wollen weltliche Freuden nicht meiden, sondern im Gegenteil aktiv erleben. Das bewußte Erfahren dieser Freuden kann so weit gehen, daß die freigesetzte Energie das Bewußtsein zur höchsten Erleuchtung führt.

„Tantra" bedeutet geistige „Ausweitung" oder „Verschiebung" und bezieht sich auf 64 *Tantras* (religiöse Texte), die zwischen dem 5. und 8. Jahrhundert n. Chr. entstanden. Ihre Themenpalette reicht von Astrologie über Geschichte bis zur Theologie, meist werden die Inhalte als Dialog zwischen dem Guru (Lehrer) Schiwa und seiner Gefährtin und Schülerin Schakti abgehandelt.

Der Tantrismus erreichte im 10. Jahrhundert n. Chr. seinen Höhepunkt. In Nordindien wurden den 64 *Yoginis* (tantrischen Göttinnnen) zahlreiche Tempel erbaut. Im goldenen Zeitalter der indischen Kunst schufen tantrische Steinmetze die bemerkenswerten erotischen Friese in Khajuraho und Konarak.

Im Tantrismus unterscheidet man zwischen rechtem (*Wama-Marga*) und linkem (*Dakschina-Marga*) Pfad. Der rechte Pfad ist der konservativere mit dem Schwerpunkt auf intellektueller Interpretation der Texte, im linken Pfad spielen esoterische Rituale und Körpermagie, vor allem der Einsatz des Geschlechtsakts, eine wichtige Rolle.

Die Tantrikas glauben nicht an eine ferne, transzendente Gottheit, die nur durch Kontemplation faßbar ist. Statt dessen ehren sie die *Schakti* (offenbarte Macht) des Göttlichen in der Gestalt der Göttin Schakti. Daher glauben sie an die Frau als Trägerin göttlicher

Macht. Die Vereinigung von Männlichem und Weiblichem, von transzendenter und immanenter Gottheit wird im Geschlechtsverkehr ausgedrückt.

Dem Tantrismus zufolge strebt die sexuelle Energie nach Auflösung von Gegensätzen; der Körper des Menschen ist quasi eine Pflanze, dessen Wurzeln die reine Energie des unverfälschten Göttlichen aufnehmen. Diese Energie fließt wie der Saft der Pflanze durch ein Adernetz, das nach Auffassung der Tantrikas den reinen Körper um die Achse der Wirbelsäule (*Suschumna*, S. 94–95) bildet.

Auf dieser Holzschnitzerei im Pashupati-Tempel bei Kathmandu findet die sexuelle Vereinigung vor einer Dämonengestalt statt.

TANTRISCHE INITIATION

Bei der Suche nach Selbsterkenntnis spielt der Guru eine so wichtige Rolle, daß das Tantra oft als Initiationsritual beschrieben wurde, in dem die Novizen vom Guru ein persönliches *Mantra* (S. 98–99) erhalten. Unter den tantrischen Gurus gab es auch Frauen, die in der Kunst des Yoga und der Erotik bewandert waren. Viele tantrische Heilige wurden durch den Geschlechtsakt mit der weiblichen „Trägerin der Macht“ rituell in die Sekte aufgenommen. Der Sexualverkehr symbolisiert den Schöpfungsakt, dabei wird die „rote Energie“ des *Joni* (Vulva) ununterbrochen von der „weißen Energie“ des Samens befruchtet.

Darstellungen von Sexualakten in einem Palmblattbuch mit tantrischen Anweisungen, verfaßt im 19. Jahrhundert in Orissa.

Feste und Pilgerzüge

Dieses moderne Plakat zeigt den Dewi-Schrein in Paragadh, einer beliebten Pilgerstätte in Maharashtra.

Aufgrund der Vielzahl an Religionen, Gottheiten, Heiligen, Helden und Erlösern mag es nicht überraschen, daß in Indien praktisch jeden Tag ein religiöses Fest gefeiert wird. Manche Feiern werden im ganzen Subkontinent begangen, meist aber gelten sie örtlichen Gottheiten und Kulten, bei denen die Inkarnation eines Gottes, der Sieg über Dämonen oder die Vermählung mit einem Gott gefeiert wird.

Das berühmteste Fest ist Holi am Tag nach dem ersten Vollmond im März. Praktisch die ganze Bevölkerung versammelt sich, um das Winterende zu feiern. Man trinkt *Bhang* (Marihuana mit heißer Milch) und läuft durch die Straßen, verspritzt Wasser und Tinte und bestreut sich gegenseitig mit buntem Pulver (*Galal*).

Jeder Tempel hat einen eigenen Festtag. Dabei wird die Statue des Tempelgottes durch die Straßen getragen und von den Gläubigen verehrt. Männliche Gottheiten setzt man oft neben ihre Gefährtin auf einen Thron und unterhält sie mit Gesang, Tanz und Lobeshymnen. Göttinnen wie Kali, Durga (S. 80–81) oder Amman (S. 106–107) wird oft Blut geopfert. Die Gläubigen geben sich selbst hin, um dadurch von Ekstase erfaßt zu werden.

Die heiligsten Stätten Indiens sind *Tirthas* (Furten, S. 166–167) zwischen der irdischen Welt und dem göttlichen Reich *Brahmans* (des obersten Gottes). *Tirthas* sind oft landschaftlich schöne Orte, an denen sich die göttliche Macht zeigt, sie liegen meist weit von den Siedlungen entfernt mitten im Wald, auf Berggipfeln oder in unzugänglichen Höhlen.

Die Stätten sind Tempel, Flüsse oder natürliche *Lingas* (S. 66–67), deren göttliche Kraft (*Schakti*) auf die Gläubigen übergehen kann. Eine Pilgerreise führt oft zu mehreren heiligen Orten nacheinander. Buddhisten pilgern oft zum Gangesbecken, wo der historische Buddha lebte, und besuchen Stätten

OBEN *Eine Pilgerschar zieht zur Quelle des Flusses Godavani.*

LINKS *Gläubige steigen zum Eis-*Linga-*Schrein in Amarnath in Kashmir auf.*

seines Wirkens und Sterbens. Die Anhänger Schiwas reisen häufig an mythische Orte im Himalaya oder besuchen die heiligen zwölf *Jyotirlinga*-Stätten, an denen sich Schiwas göttliche Macht offenbart.

Wischnuiten, vor allem Krischna-Anhänger, pilgern oft durch Gebiete, die mit dem Gott in der Mathura-Region in Verbindung stehen. (Näheres über Pilgerfahrten auf S. 161–167).

SCHIWARATRI

Schiwaratri ist eines der größten Feste zu Ehren der Macht von Schiwas *Linga*. Vor langer Zeit tötete ein Jäger mehr Tiere, als er vor Sonnenuntergang nach Hause schaffen konnte, so verbrachte er die Nacht voller Angst auf einem Baum. Es war die Neumondnacht des Monats Phalgun (Februar/März), die heilige Nacht Schiwas. Der Jäger zitterte so sehr, daß Blätter und Tau vom Baum auf einen *Linga* darunter fielen, was den Gott günstig stimmte. Der Jäger kehrte nach Hause zurück und starb tags darauf. Da er aber in der Nacht den *Linga* verehrt hatte, verfügte Schiwa, daß er nach dem Tod auf dem Berg Kailash weilen dürfe.

HOLI

In Zusammenhang mit dem Holi-Fest wird von einem König erzählt, der verlangte, daß alle ihm huldigten. Als sein Sohn sich widersetzte, verurteilte der König ihn zum Tod. Die Schwester des Königs, Holika, geleitete den Prinzen zur Hinrichtung und ging mit ihm ins Feuer. Durch ihre Hingabe blieb der Junge unversehrt, aber Holika starb. Beim Holi-Fest werden zum Andenken an ihren Tod große Feuer entzündet.

Beim Holi-Fest bestreuen die Teilnehmer einander mit buntem Pulver.

Rasa

Rasa kommt aus dem Sanskrit und bedeutet eigentlich Pflanzensaft, im übertragenen Sinn bezeichnet es aber die ästhetische Freude an Kunstwerken. *Rasa* kann man bei der Betrachtung jeglicher Kunst empfinden, beim Hören von Musik ebenso wie beim Anblick einer Skulptur oder eines Gemäldes. Im 14. Jahrhundert verwendete der Ästhetikgelehrte Vishvanatha das Wort *Rasa*, um das Wesen der Poesie zu beschreiben: „Poesie ist ein Satz, dessen Seele *Rasa* ist." Liebende sprechen oft von *Rasa* als „Essenz der Liebe".

Wörtlich heißt *Rasa* Saft, Flüssigkeit. Harz ist das *Rasa* des Baums, Zitronensaft das *Rasa* der Zitrone. *Rasa* bedeutet auch den Kern eines Gegenstands, vergleichbar mit der alchimistischen „Quintessenz", dem mystischen Geisteselement, das die vier Grundelemente eines Gegenstandes verbindet. Weiters bedeutet *Rasa* auch Geschmack oder Geruch, die Atmosphäre einer Situation. Auf einer höheren Ebene steht *Rasa* für transzendente Freude und das Glück, welches die Künstler und das Publikum in gehobener Stimmung verbinden. Je enger die Verbindung, desto intensiver ist das *Rasa*, desto bewegender die Grundstimmung des Werks.

Auf dieser Miniatur aus dem 17. Jahrhundert kommt in der dargestellten Kampfszene zwischen Rustam und dem weißen Dämonen Raudra Rasa *(Zorn) zum Ausdruck.*

Die Theorie des *Rasa* in der indischen Kunst wurde erstmals im Werk *Natyashastra* des Weisen Bharata Anfang des ersten nachchristlichen Jahrtausends dargestellt. Bharata beschrieb verschiedene Emotionen, die im *Rasika* (Betrachter) ein bestimmtes *Rasa* (Stimmung, Gefühl) auslösen. Er kam auf acht *Rasas*, zu dem später ein neuntes hinzugefügt wurde: *Schringara* (Erotik), *Hasja* (Komik), *Karuna* (Pathos), *Raudra* (Zorn), *Rira* (Heldenhaftigkeit), *Bhajanaka* (Schrecken), *Bibhatsa* (Haß), *Adbhuta* (Bewunderung) und *Schanta* (Ruhe).

Die *Bhawas* (Stimmung, innerer Zustand) der einzelnen *Rasas* entstehen durch die Kombinaton ihrer *Vibhawas* (Bestimmungsgrößen), *Anubhawas* (Folgen) und *Wyabhicharibhavas* (ergänzende Gefühle). Als *Bhawa* des *Wira Rasa* etwa gilt *Utsaha* (Energie). Als *Vibhawa* dieses heldenhaften *Rasa* gilt,

Dieses Bild aus dem 17. Jahrhundert zeigt Krischna mit seiner Lieblingsgespielin Radha aus der Gruppe der Gopis *(S. 63); es ist ein Beispiel für* Schringara Rasa *(Erotik).*

SCHRINGARA RASA

Bei den indischen Künstlern und Kunstkritikern gilt *Schringara* (Erotik) eindeutig als das hervorstechendste *Rasa*. *Schringa* bedeutet Spitze, *Schringara* bezeichnet die Art und Weise, wie die Spitze (höchste Ekstase) erreicht werden kann. Die *Schringara*-Kunst ist äußerst freizügig. In Rajasthan entstanden im 17., 18. und 19. Jahrhundert zahlreiche Miniaturen über Krischnas Leidenschaft für die *Gopi*-Frau Radha (S. 63).

Die Tempelfiguren von Konarak und Khajuraho gehören zu den berühmtesten erotischen Skulpturen der Welt (S. 110–111). Auch Leidenschaft wird indirekt über die Grundstimmung (*Bhawa*) des *Schringara*, nämlich göttliche und menschliche Liebe, vermittelt. *Rasa* kann durch die *Wibhawas* (Bestimmungsgrößen), etwa einen Garten im Mondschein, oder die *Anubhawas* (Folgen), etwa einen schüchternen Blick des Verlangens, ausgedrückt werden.

daß Menschen oder Geisteswesen jene bekämpfen sollen, die im Kampf eine Niederlage verdienen. Die *Anubhawas* (Folgen) des *Wira Rasa* sind die Suche nach Verbündeten und Selbstaufopferung, die *Wjabhicharibhawas* sind Stolz, Mut und Entschlossenheit. Ein gebildetes Publikum kann diese Faktoren bei einer Kunstdarbietung erkennen.

FARBEN UND GÖTTER

Den einzelnen *Rasas* sind Farben und Gottheiten zugeordnet. Schiwa ist der Gott des komischen *Rasa* (*Hasja*), die Symbolfarbe dafür ist weiß. Der Sturmgott Rudra auf einem Gemälde bedeutet, daß der jeweilige Künstler *Raudra-Rasa* (Zorn) und das dazugehörige Gefühl des Ärgers (*Krodha*) darstellen und vermitteln wollte.

Dorfkunst

Die Stickereikunst wird in Indien nur von Frauen ausgeübt, oft arbeiten alle Frauen der Großfamilie an einem Werkstück. Muster und Stichführung werden meist von einer Generation zur nächsten weitergegeben. In manchen ländlichen Gebieten, etwa in Gujarat, werden von Dorf zu Dorf unterschiedliche Muster und Farben verwendet.

Hände einer Braut vor der Hochzeit mit glückbringenden Zeichen aus Pflanzenpaste.

Der Entdecker Marco Polo berichtete über das Indien des 13. Jahrhunderts, daß nirgendwo auf der Welt feinere Stickereien hergestellt würden. Auf dem Land, wo fast drei Viertel der indischen Bevölkerung nach wie vor leben, florieren Stickerei und andere Künste auch heute. Die Dorftempel sind mit zahlreichen Skulpturen und Ikonen geschmückt, in kleinen Werkstätten fertigt man Stickereien, Teppiche, Seide, Textilien sowie Stoffdrucke, und die Nachfrage steigt. Jede Region ist für eine bestimmte Kunst und die Verwendung von bestimmten Materialien berühmt.

Die Dorfkunst gibt es nicht nur in Werkstätten. In Südindien sind etwa die Türschwellen mit komplizierten Pulvermustern (*Kolamas*) geschmückt. Abends wird das Pulver weggefegt und am nächsten Morgen ein neues Muster gebildet. *Kolamas* sind oft von einem Kreis umgeben und stellen wie *Mandalas* (S. 100–101) den Kosmos dar. Im südindischen Tamil Nadu nennt man sie „Festungen", „Umfassungen heiliger Orte".

Kolamas basieren meist auf einem Sechseck aus einander überschneiden-

Die Frauen sind für die Instandhaltung des Hauses verantwortlich, auch für das Ausmalen der Lehmwände mit Ocker und Kalk, wie hier in Rajasthan.

DIE SELBSTGEMACHTEN GÖTTER

Auf dem Land gibt es den Brauch, Bilder zu fertigen, die man wieder vernichtet und dem Schoß der Erde zurückgibt. Die Götter werden sehr abstrakt dargestellt, sie sind oft nur umrißhaft aus Lehm geformt oder werden gar nur von einem Lehmklumpen symbolisiert. Pillaiyar, der kindliche Ganescha, wird besonders oft auf diese Weise verehrt. Aus Lehm wird ein nur grob ausgeführter Elefantenkopf geformt. Setzt man Augen aus Silberfolie oder weißen Steinen ein, erhält das Bild die Macht (*Schakti*) des Gottes. Zur Verehrung des Bildes Pillaiyars werden ihm Blumen, Kokosnüsse (Symbole der drei Augen Schiwas) und Süßigkeiten dargebracht. Anschließend wirft man die Statue ins Wasser oder gibt sie dem Erdreich wieder. In Karnataka wurde das Bildnis der Pockengöttin Mariamman von Dorf zu Dorf weitergegeben und dann „samt der Krankheit" in den Fluß geworfen.

In einer Bhil-Gemeinde in Rajasthan werden die Bilder im Haus mit bunten Folien geschmückt.

den Dreiecken, dem „Stern Lakschmis". Sie enthalten ineinandergerollte Schlangen, Schildkröten und Krähen, die in der Folklore eine wichtige Rolle spielen. *Kolamas* schützen das Haus vor den Geistern der Toten. Die Hennamuster, die man jungen Mädchen auf die Hand zeichnet, dienen einem ähnlichen Zweck. Auch diese Ornamente führen oft zu einem Mittelpunkt (*Bindu*), von dem der böse Blick angezogen und abgewehrt wird. Die Linien des Musters nehmen seine zerstörerische Kraft auf.

Die Vorbereitung des komplizierten Kolama-*Musters aus weißem oder buntem Pulver zum Schmuck der Lehmschwelle ist eine typische Morgenarbeit der Frauen.*

Musik

Der Klang (*Nada*) gilt als Kern des Schöpfungsprozesses. In der hinduistischen Mythologie ist die heilige Silbe *Om* (S. 108–110) die Wurzel des Alls, das „Summen" der Atome und die Sphärenmusik. Der Klang steht für die Urenergie, die die materielle Welt zusammenhält.

Die Grundlagen der indischen Musik sind der traditionellen Auffassung zufolge bereits im *Samaweda* (S. 16–17) festgelegt, der Sammlung von *Samas* (Gesängen), die die *Udgatri*-Priester beim *Soma*-Opfer anstimmen. Weil sie in den *Weden* enthalten sind, gelten auch Tonleitern, musikalische Ästhetik, Grundrhythmen und Notenschrift als heilig. Daher sind die Prinzipien von Rhythmus, Harmonie und *Raga* (melodische Grundstimmung) der klassischen indischen Musik im ganzen Land verbreitet.

Unter *Raga* versteht man den melodischen „Rahmen", die Grundstruktur von Melodie, Tonleiter und Tonart. Die zahlreichen *Ragas* basieren traditionell auf Tonleitern, die aus *Svaras* (Tonhöhen oder Noten) bestehen. Das Singen gilt zwar als reinste Form der Musik, aber auch Interpreten, die ihr Instrument vollkommen an die Stimme anpassen und so höchste Harmonie zwischen Gesang und Instrument erzielen, sind hoch geschätzt.

Statue einer Trommlerin aus dem Tempel von Konarak, der im 13. Jhd. erbaut wurde.

Blechbläser am Jahrmarkt von Pushkar in Rajasthan.

DARUNTER *Eine* Bahina-*Trommel.*

Jeder *Raga* hat eine bestimmte Grundstimmung (*Bhawa*) und Gefühlslage (*Rasa*) und ist an eine bestimmte Tages- oder Jahreszeit gebunden. In alten Abhandlungen werden die *Svaras* jedes *Raga* oft mit Farben, Tieren und anwesenden Göttern in Zusammenhang gebracht.

Unter *Tala* versteht man die metrische Grundstruktur der Musik. Eine Komposition wird bei der Aufführung oft durch Improvisationen in einem bestimmten *Tala* ergänzt, die Trommel kann nur innerhalb der Haupttaktschläge improvisieren. Anders als in der westlichen Musik sind die Schläge innerhalb des *Tala* nicht in gleiche Einheiten unterteilt, sondern sie bilden asymmetrische Gruppen mit unterschiedlichen Funktionen. Es gibt zahlreiche *Talas*, die jeweils langsam, mittelschnell oder schnell gespielt werden können.

In der klassischen Musik gibt es zwei Haupttraditionen, die hindustanische Schule in Nordindien und die karnatakische Schule im Süden. Die grundlegenden Regeln und Prinzipien dieser beiden Schulen sind sich zwar ähnlich, es gibt aber regionale Unterschiede bei den *Ragas* und in der Art der Ausführung. Im Süden hält man sich streng an die traditionellen Vorgaben, im Norden dagegen sind persische und zentralasiatische Einflüsse zu merken.

Die karnatakischen *Ragas* basieren auf den heiligen Regeln und Grundstrukturen und tragen vorwiegend Sanskrit-Namen, für die hindustanischen *Ragas* dagegen werden oft Namen in dem regionalen Dialekt gewählt, in dem sie entstanden sind, auch die Art der Improvisation ist regional unterschiedlich.

TEMPELINSTRUMENTE

Bei den südindischen Tempelritualen spielt die Musik eine große Rolle. In einem typischen Dorftempel gibt es meist drei Musiker: einer spielt ein langes Blechhorn (*Nagaswaram*), die anderen schlagen Trommeln, etwa Tavils. Das Horn ist ein Melodieinstrument, auf dem alle Noten (*sa, ri, ga, ma, pa, dha* und *ni*) gespielt werden. Der Trommelklang wird mit bestimmten Silben bezeichnet. Trommel und Horn ertönen immer beim Öffnen und Schließen der Tempeltore und beim Anblick der Gottheit. Die Musik folgt einer phonetischen Struktur, sie ist die Sprache, in der die Instrumente miteinander kommunizieren.

Dahina, *eine der zwei Trommeln, aus denen* Tablas *bestehen.*

SITARS

Sitars sind die wichtigsten Soloinstrumente der hindustanischen Schule klassischer Musik. Begleitet werden sie meist von *Tamburas* (Baßlauten) und *Tablas* (Trommeln). Sie sind Lauteninstrumente und eng mit der persischen Langhalslaute (*Tambor*) verwandt. Der birnenförmige Klangkörper aus Holz hat fünf Melodiesaiten, fünf bis sechs Baßseiten zum Schlagen des Baßrhythmus und neun bis 13 mitklingende Saiten.

Der Komponist und Musiker Ravi Shankar trug viel zum Verständnis des Westens für die indische Musik bei. Er wurde in Varanasi geboren und arbeitete zuerst als Tänzer, bevor er sich auf den *Sitar* konzentrierte. Zahlreiche Tourneen führten ihn nach Europa und in die USA; 1967 gründete er in Los Angeles die Kinnara School of Music.

LINKS *Ravi Shankar spielt den* Sitar.

UNTEN *Hochzeitsmusiker in Kolhapur in Maharashtra.*

Tanz

Dieses Gemälde aus dem 18. Jahrhundert stellt eine Hoftänzerin aus Rajasthan dar.

Die Grundregeln für den Tanz sind – wie die der anderen Kunstrichtungen auch – in den *Weden* (S. 16–17) zu finden. In einer Abhandlung über Dramaturgie am Anfang der nachchristlichen Zeit wird vom Aufstand der Götter gegen die starren Ritualregeln der *Brahmanen*-Priester berichtet. Die Götter baten Brahma um einen neuen *Weda* über Tanz und Drama, der allen Kasten die Ehrung der Gottheiten erlaubt. So wurde dem Seher Bharata der fünfte *Weda*, *Natja Schastra*, geoffenbart.

Der Tanz ist daher ein Ritual, eine Kulthandlung, die zu fast allen gesellschaftlichen und religiösen Zeremonien dazugehört. Für Hochzeiten, Geburten, Erntefeiern und religiöse Prozessionen werden Tänzer angeheuert. Der Tanz ist heilig, die Tänzer bringen Glück, weil sie wie *Brahmanen* den Segen der Götter beschwören. Die kulturelle Vielfalt Indiens zeigt sich in den zahlreichen Volkstänzen und Unterarten der fünf Hauptrichtungen des klassischen Tanzes: *Bharata-Natjam, Kathakali, Kathak* (geradliniger, rhythmischer Stil aus Nordindien), *Orissi* („wellenförmiger" Stil ähnlich wie *Bharata-Natjam*, der nur von Frauen getanzt wird) und *Manipuri* (technisch weniger aufwendige Richtung aus Manipur). Jeder Stil basiert bis zu einem gewissen Grad auf den Regeln des *Natja Schastra*, die die Gurus von einer Generation zur nächsten weitergeben.

Bharata-Natjam ist der bekannteste Solostil, ein berühmter klassischer Tanz aus Tamil Nadu und Karnataka, der eng am *Natja Schastra* angelehnt ist. Der „reine Tanz" ist *Nritta*, ein abstrakter Ausdruck der Ekstase in der Tanztechnik. *Nritja* ist Tanz im Dienst des Dramas, dabei werden Sätze oder Gedanken auch durch *Sahitjas* (Verse), *Hastas* (Gesten) und *Abhinaja* (Mimik) ausgedrückt. *Bharata Natjam* war ursprünglich der Tempeltanz der *Devadasis* (Gottesdiener), junger Tänzerinnen, die sich symbolisch mit dem Tempelgott vermählten. Später wurde der Tanz bei Hof wichtig. Aus *Devadasis* wurden *Rajanadasis* (Unterhaltungssklavinnen), und unter den Briten war *Bharata Natjam* eine Art Werbungstanz. Viktorianische Sozialreformer wollten den Tanz verbieten, so daß

Dieser Schauspieler aus Andhra Pradesh stellt einen Tigerteufel bei einem trancefördernden Tanz dar.

KATHAKALI

Kathakali, der heilige Tanz aus dem südindischen Kerala, gehört zu den ausgefeiltesten Tanzdramen des Landes. Die reich geschmückten Tänzer stellen Götter und Dämonen des *Purana* und *Mahabharata* dar und spielen Szenen aus dem Krieg zwischen Gut und Böse. Meist dauert der Tempeltanz die ganze Nacht und bewirkt bei den – ausschließlich männlichen – Tänzern ein Gefühl von Harmonie und Wohlbefinden. Sie tragen bauschige Röcke, kunstvollen Kopfschmuck und sind stark geschminkt. Sie bewegen sich auf der Bühne nur wenig und erzählen ihre Geschichte mit komplizierten Gesten und Augenbewegungen, die die Worte ihres Symboldialogs darstellen. Kleider und Schminke haben ebenso Symbolbedeutung. Grün steht für Bewegung, Grün-Rot für Ärger, Schwarz für Dämonen und Jäger, Orange für Frauen und *Brahmanen*.

Kostüme und Farben spielen in der Symbolsprache des Kathakali-*Tanzes eine wichtige Rolle. Die Markkugeln auf Nase und Stirn stehen für Vornehmheit und Rangunterschiede.*

er erst wieder einen Aufschwung erlebte und öffentlich vorgeführt wurde, als sich der Westen in den dreißiger Jahren vom schein-orientalischen Tanzstil etwa Ram Gopals faszinieren ließ.

Die klassischen tänzerischen Inhalte stammen aus der hinduistischen Mythologie und aus Legenden. Große Epen wie das *Mahabharata* (S. 56–57) bieten Stoff für viele Tänze, auch das Leben von *Awataras* wie Krischna und Rama prägen oft die *Bhawas* (Grundstimmungen). Oft spürt man den Einfluß der südindischen *Bhakti*(Hingabe)-Bewegung, in der die Liebe des Menschen als Symbol für die Liebe Gottes gilt, daher ist *Najaka-Najika* (Held-Heldin) ein besonders beliebtes Grundthema des hinduistischen Tanzes. Die berühmte Erzählung von Krischnas Liebe zu Radha und den *Gopis* (S. 63) wird oft als Tanz dargestellt, bei dem jede *Gopi* den männlichen Gott für ihren Partner hält.

Zeit und Universum

Anders als im Westen sind in Indien Religion und Wissenschaft keine ausgeprägten Gegensätze, sondern zwei Wege auf der großen Suche nach Wahrheit und Erleuchtung, von der die Weisen des Hinduismus, Buddhismus und Dschainismus beseelt waren. In der hinduistischen Wissenschaft hängt das Verständnis der äußeren Wirklichkeit vom Verständnis des Göttlichen ab.

Der hinduistischen Tradition zufolge ist das All älter als die Menschheit und auch die Götter. Im Buddhismus und Dschainismus gibt es ebenfalls keinen Schöpfer, denn die Zeit hat weder Anfang noch Ende. Besonders im Dschainismus findet man detaillierte Theorien über Kosmologie und Metaphysik, zum Teil wurden sogar „Atome" (*Pudgala*) als eines der fünf Grundprinzipien des Universums angenommen.

Wichtig an der hinduistischen Vorstellung von Zeit und Raum ist die Annahme, daß die Außenwelt nur ein Produkt des kreativen Spiels der *Maja* (Illusion, S. 130–131) ist. Daher ist die Welt, wie wir sie erleben, nicht fest und real, sondern nur Schein. Das All ist in ständigem Fluß und hat viele Wirklichkeitsebenen. Es ist die Aufgabe der Heiligen, Befreiung (*Mokscha*) von den Fesseln aus Zeit und Raum zu suchen.

Varanasi (rechts), die heiligste Stadt Indiens, gilt bei den Hindus als Ort, der außerhalb der Begrenzungen von Raum und Zeit liegt. Die Pilger kommen aus dem ganzen Subkontinent zur „ewigen Stadt" und baden im heiligen Fluß Ganges, um das negative Karma *aus früheren Leben abzuwaschen. Varanasi ist seit dem ersten vorchristlichen Jahrtausend ein wichtiges Zentrum indischer Philosophie, Religion und Wissenschaft.*

Die Seele

Das *Mantra* „*Tat Tvam Asi*" („Das bist Du") ist der zentrale Satz der *Upanischaden* (S. 22–23) und bezeichnet das Verhältnis zwischen „Du", *Atman* (Seele jedes Menschen) und „Das", dem transzendenten *Brahman*, dem Absoluten, das das ganze All durchdringt.

Brahman ist für den menschlichen Geist unfaßbar, es ist unpersönlich, unendlich, unbeweglich und unerklärlich. In jedem Wesen ist ein – allerdings unbeschreiblicher – Funke von *Brahman*, durch den es das *Atman* (Seele) erlangt. Das *Brahman* ist unfaßbar, weil es kein eigenes Wesen darstellt, aber man kann es sich etwa als Sonnenlicht auf einer Wasseroberfläche vorstellen.

Das *Atman* läßt sich nur damit erklären, was es nicht ist: man kann es nicht berühren und nicht zerstören, es leidet und stirbt nicht, denn es ist das Unsterbliche im sterblichen Leib. Es ist zwar für Menschen nicht faßbar, in den *Upanischaden* heißt es aber, daß man es durch Meditation, Askese und Yoga erreichen kann. Die *Brahmanen*-Priester waren somit nicht mehr die einzigen, die Zugang zu den wedischen Göttern und damit zum Göttlichen hatten. Mittelpunkt und Ziel des Hinduismus waren nicht mehr Opfer, sondern *Mok-*

Diese beiden Pujaris *(Priester) baden in der Dämmerung im heiligen Fluß Narmada in Madhya Pradesh. Durch Waschungen mit dem heiligen Wasser wird die Seele gereinigt, die negativen Folgen des* Karma *werden getilgt.*

scha (Erlösung), die Befreiung durch die Erkenntnis, daß *Brahman* und *Atman* letztlich eins sind.

Im 8. Jahrhundert n. Chr. erklärte der Theologe Schankara diese nicht dualistische Sicht (*Advaita*). Er verwies auf den Unterschied zwischen dem Reich des *Brahman* und der menschlichen Erfahrungswelt, in der die Menschen glauben, eine selbständige Identität zu besitzen. Für Schankara ging es bei der Befreiung nicht darum, die eigene Identität mit dem Absoluten zu erkennen, sondern zu begreifen, daß die Welt nur Schein ist und von der *Maja* (S. 130–131) durchdrungen wird. Schankara zufolge gibt es zwei Wirklichkeitsebenen, die gewöhnliche und die höhere Wahrheit. Auf der gewöhnlichen Ebene sind die dingliche Welt und die Menschen als unabhängige Persönlichkeiten real, aber auf der höheren Ebene sind sie Illusion. Das Ziel der Askese und Meditation ist es daher, die Illusion der gewöhnlichen Realität zu transzendieren.

Da es bei Schankara keine individuelle Seele gibt und das Absolute durch Meditation erreicht werden kann, warf man ihm vor, ein verkappter Buddhist zu sein. Er griff die buddhistische Lehre zwar häufig an, aber es gibt auch Ähnlichkeiten zwischen den beiden Sichtweisen. Buddha lehrte nicht nur, daß es keine individuelle Seele gibt, er lehrte vielmehr die Nichtseele (*Anatman*). Im Buddhismus entsteht das Leiden (*Dukkha*) durch fehlgeleitete Identifizierung mit dem individuellen Selbst, das nicht ewig, sondern vergänglich ist. Das „Ich“ ist nur Täuschung und daher nicht notwendig.

Der edle achtfache Pfad (S. 35) war Buddhas Methode, die Illusion des individuellen Selbst zu transzendieren. Man legt geistige Gewohnheiten ab, die den Geist an die falsche Vorstellung des Selbst binden. Diese Vorstellung wird von Geburt an gehegt und bewahrt. Buddha lehrte, daß das Selbst das Produkt falscher Wünsche ist. Das Selbst gibt es nicht, es ist nicht im Körper, man kann es nicht erklären, es ist nur ein Wort, mit dem man einen vorübergehenden Zustand beschreibt.

Das Wesen des Todes

Der Tod wird oft als Schlaf vor der Wiedergeburt betrachtet. Wenn man morgens aufwacht, ist man derselbe Mensch wie am Abend zuvor, obwohl das Bewußtsein über Nacht nicht da war; genauso geht auch das *Atman* (Seele) von einen Körper in den anderen über, während das Bewußtsein schläft. Nur der Körper stirbt, er ist eine vergängliche Hülle, dessen Bestandteile bei der Einäscherung zu ihrem Ursprung zurückkehren, das Auge geht zur Sonne, der Atem zum Wind. Beim hinduistischen Begräbnisritual spricht man nicht von den vergangenen Taten der Verstorbenen, sondern wendet sich an die Seele: „Geh hin, geh hin auf den alten Pfaden der Vorfahren", denn die Seele ist nicht zerstörbar und unsterblich.

Eine der berühmtesten wedischen Erzählungen von der Ursache des Todes findet sich in der *Katha Upanischad.* Ein junger *Brahmane* wird von seinem zornigen Vater ins Jenseits gesandt. Er ist der erste Mensch, der das Reich des Totengottes Jama besucht. Jama hat viel zu tun und beachtet den *Brahmanen* zunächst nicht. Als Entschuldigung für diese Unhöflichkeit läßt Jama ihn drei Wünsche nennen. Als dritten Wunsch fragt der *Brahmane* nach dem Geheimnis des Todes. Jama antwortet, daß der Tod nur ein Trugbild ist, weil die Menschen nichts über die Unsterblichkeit der Seele wissen, die nicht mit dem Körper stirbt. Er erklärt dann, daß man den Tod nur überwinden kann, wenn man das eigene Selbst transzendiert.

Beim Aufnahmeritual stellen viele *Sadhus* (S. 70–71) symbolisch ihren Tod dar, um damit den Tod des individuellen Selbst und die Transzendierung des Ich zu symbolisieren. Diese Sicht der Seele ist jedoch schwer verständlich, man braucht für diesen Weg auch große Willenskraft. In Indien glauben viele Gruppen nicht an die Wiedergeburt, sondern daran, daß die Toten in eine andere Welt, etwa die Unterwelt, gelangen. Unabhängig vom Glauben an das Jenseits kann die Bindung an das frühere Leben zu Problemen führen. Im schattigen Wald am Dorfrand spuken vielleicht gefährliche Geister (*Preta*) von Selbstmördern, Frauen, die im

Eine Statue des Todeskönigs auf dem Dach des Klosters von Korisha.

Einäscherungen am Ufer des heiligen Flusses Ganges in der Stadt Varanasi, die bei Hindus als günstiger Ort zum Sterben gilt.

Kindbett starben, und Geizhälsen. Der Glaube, daß man der Welt verhaftet bleibt, wenn man den eigenen Tod nicht annimmt, deutet auf die Vorstellung einer persönlichen Identität auch nach dem Tod hin.

Hindus werden nach dem Tod meist eingeäschert, durch das Feuer gelangt die Seele ins nächste Leben. Die Totenrituale werden sehr ernst genommen. Bei einem *Schradda*-Begräbnis etwa gibt man dem *Brahmanen*-Priester Speisen zum Wohl des Verstorbenen. Dieses Ritual wiederholt man mindestens einmal jährlich, um so die gute Wiedergeburt eines verstorbenen Verwandten zu gewährleisten.

TOD UND DSCHAINISMUS

Der religiös motivierte Tod eines Dschainisten durch gezieltes Fasten wird als *Sallekhana* bezeichnet. Wie Hindus und Buddhisten glauben auch die Dschainisten, daß rechtes Handeln im Augenblick des Todes die Wiedergeburt unmittelbar beeinflußt. Im Dschainismus hängt die Wiedergeburt auch von der Askese ab, durch die das *Karma* verbrannt wird, daher soll man im Moment des Todes den Körper ganz beherrschen. Durch Fasten wird er von ungünstigem *Karma* gereinigt, der Geist kann sich beim Sterben ganz auf sein spirituelles Schicksal besinnen. Ein berühmtes Beispiel für *Sallekhana* ist Skhandala, ein Jünger Mahawiras, der sich Speisen, Getränken und der Körperpflege enthielt, bis er nach 60 verweigerten Mahlzeiten in tiefer Meditation starb.

SATI

Witwen, die sich mit ihrem verstorbenen Mann verbrennen lassen, werden *Satis* oder *Suttees* genannt. Das Wort *Sati* ist mit dem Sanskrit-Wort *Satja* (mutiger Weg oder Wahrheit) verwandt und bedeutet daher „Frau, die den richtigen, mutigen Weg wählt". Die wahrhaftigste Frau der hinduistischen Mythologie war Sati, die erste Frau Schiwas (S. 74). In ihrem Namen gehen die Witwen für ihren Mann in den Tod.

Selbstverbrennungen waren in Indien bis zu ihrem Verbot 1829 weit verbreitet. Handabdrücke, wie etwa an der Wand der Festung von Jodhpur, weisen auf den Sterbeort jener *Satis* hin, deren Männer im Kampf fielen. Die britischen Herrscher lehnten diesen für sie unverständlichen Brauch ab. Im 19. Jahrhundert nahmen die Witwenverbrennungen, vermutlich als Reaktion auf die großen kulturellen Umwälzungen unter den Briten, stark zu. Auch heute noch gibt es hin und wieder *Satis*.

Dieses Gemälde vom Tod einer Sati *zeigt, welche Hochschätzung ihr Handeln genoß.*

Handabdrücke der Frauen, die sich in der Festung von Jodhpur selbst verbrannten.

Das Wesen der Zeit

Ziel jeder religiösen Strömung Indiens ist das Transzendieren der Zeit. Sie wird häufig als Feind angesehen, als ewiges Rad, das die Seele an das sterbliche Leben in Unwissenheit und Leiden bindet. *Mokscha* ist die Erlösung vom Rad der Zeit; ein fortgeschrittener Asket wird oft als *Kala-Atita* („die Zeit Transzendierender") genannt.

Rad des Streitwagens des Sonnengotts Surya aus dem Tempel von Konarak in Orissa.

Wie es im *Atharwaweda* heißt, ist die Zeit das erste Prinzip, durch das das All erschaffen und in Bewegung versetzt wurde. Häufiger liest man in hinduistischen Schriften aber von Versuchen, die Zeit zu überlisten oder zu bezwingen. Im *Mahabharata* (S. 56–57) ist zu lesen, daß die Zeit alle Wesen „kocht" und alle Kreatur zerstört. Wenn alles schläft, wacht die Zeit, sie ist schwer zu überwinden.

In der hinduistischen Mythologie ist die Zeit ein Rad, das sich durch Zyklen (*Kalpa*) aus Schöpfung (*Sarga*) und Zerstörung (*Pralaja*) bewegt. In den klassischen Schriften sind die einzelnen *Kalpas* so lang wie das Leben des Schöpfergottes Brahma. Er lebt 100 Brahma-Jahre, das sind 311 040 Milliarden Menschenjahre. Das All entsteht bei Brahmas Geburt und wird bei seinem Tod vernichtet. Nach weiteren 100 Brahma-Jahren wird ein neuer Brahma geboren, die nächste Epoche beginnt. Die *Kalpas* bestehen aus 1000 großen Äonen, die wiederum vier *Jugas* (Weltalter) lang dauern. Von *Juga* zu *Juga* verfallen Moral, Bewußtsein und Wohlbefinden immer weiter. Das jetzige Zeitalter (Kali Juga) ist das letzte dieses Zyklus, so daß Erkenntnisfähigkeit und Moral bereits den Tiefstand erreicht haben.

Im Dschainismus ist die Zeit ein Rad mit sechs aufsteigenden und sechs absteigenden Speichen oder Zeitaltern. Das Rad dreht sich ewig, es entstand nicht und endet nicht. Im Buddhismus ist die Zeit die „Verschlingerin", die Feindin aller Lebewesen. Das Leben (*Bhawa*) ist Leiden (*Dukkha*), weil die Zeit vergeht und ein Vorgang ähnlich der Entropie stattfindet. Buddhas letzte Worte begannen angeblich mit dem Ausdruck „Alles zerfällt ...".

Im *Yoga-Sutra* wird die Zeit als ungleichmäßige Folge von Momenten (*Kschanas*) dargestellt. Jeder Moment dauert so lang, wie ein Atom (*Anu*) braucht, um seine Lage zu verändern. Anders als das Vergehen der Zeit sind die Momente real.

DIE VIER JUGAS

Das erste Weltalter ist Satya Juga, das goldene Zeitalter der Unschuld und Wahrheit. Es wird immer trüber, bis das Alter Treta Juga beginnt und Tugend und Lebensdauer langsam schwinden. Es folgt das Alter Dvapara Juga, in dem die Helden des *Ramajana* und des *Mahabharata*, etwa Krischna und Rama, lebten. Das derzeitige Weltalter heißt Kali Juga (der Name hat nichts mit der Göttin Kali zu tun). Typisch für diese Epoche sind Laster, Gewalt, Unwissen und Gier.

DIE ZEIT IM TANTRISMUS

Im Tantrismus ist die Zeit eine Leiter, die in deutlich erkennbaren Stufen von der ursprünglichen Einheit vor der Schöpfung herab zur heutigen Welt der Zersplitterung und Täuschung führt.

Die Tantriker wollen umkehren (*parawritti*) und die Leiter wieder hinaufsteigen, die einzelnen Schritte sind dabei in den heiligen Schriften festgelegt. Sie kehren also den normalen Zeitenlauf um.

Im Christentum und auch in der westlichen Physik wird der Ursprung des Alls als definierbarer, unwiderruflich verlorener Punkt auf einer linearen Zeitachse betrachtet, im Tantrismus dagegen ist die Schöpfung ein kontinuierlicher Prozeß, der somit gut faßbar ist.

In einem beliebten tantrischen Symbol wird die Vergangenheit als Projektion der Gegenwart dargestellt, wobei sich die Ereignisse aus dem offenen Maul eines Monsters ergießen. Die Dinge begannen nicht irgendwann in der Vergangenheit; vielmehr wird diese vom Raum-Zeit-„Maul" des menschlichen Bewußtseins projiziert.

Im Tantrismus wird das innere Bewußtsein mit dem höheren Bewußtsein, das das All durchdringt, gleichgesetzt, daher können Tantriker den kosmischen Schöpfungs- und Abstiegsprozeß „umkehren", indem sie in das Maul des Monsters zurückblicken. Durch den Prozeß der Meditation kann der Tantriker im ständigen Schöpfungsprozeß des inneren und äußeren Bewußtseins aufgehen.

DIE SCHLANGE DER UNENDLICHKEIT

Der hinduistischen Lehre zufolge wird das All am Ende der einzelnen *Kalpas* (Lebenszeit des Schöpfergottes Brahma) zerstört. Zwischen Zerstörung und Neuschaffung, also am Ende jedes Zyklus, ruht Wischnu auf der eingerollten Schlange der Unendlichkeit, *Ananta*, und wartet auf das Wiedererstehen des Alls. Am Ende des jetzigen Zeitalters Kali Juga steigt Wischnu in Gestalt der zehnten und letzten Inkarnation als der Krieger Kalki auf einem weißen Pferd auf die Erde herab. Er zerstört Unwissen, vertreibt Eindringlinge aus Indien und rettet das Gute, aus dem die Menschen des goldenen Zeitalters Satya Juga entstehen.

Wischnu schläft auf der eingerollten Schlange Ananta, dem Symbol für den zeitlosen Kosmos. Farbrelief des Tempels in Srirangam in Tamil Nadu.

Maja

Im hinduistischen Denken spielt die *Maja* (Illusion) eine wichtige Rolle. Was die Menschen für wirklich halten, ist eigentlich der Traum Brahmas (S. 48–49). Brahma ist der Schöpfergott und Magier, aus dessen Traum das All kommt. Wischnu ist der Erhalter des Traums, er spinnt mit Hilfe der *Maja* das Netz, das dem Menschen als Realität erscheint. Die Welt an sich ist keine Illusion, sehr wohl aber die Wahrnehmung der Welt. Scheinbar besteht sie aus verschiedensten Dingen, Strukturen und Ereignissen, der *Maja*-Theorie zufolge sind sie alle aber eins. Die Unterteilung in verschiedene Gruppen ist nur eine Erfindung des Gehirns, es gibt sie nicht wirklich.

Rajneesh, einer der berühmtesten geistigen Führer des modernen Indien (S. 154–155) meinte, wenn der Westen sich statt an Plato mehr an den griechischen Philosophen Heraklit angelehnt hätte, hätte sich das Denken ganz anders entwickelt, die Vorstellung der *Maja* wäre dann auch im Westen verbreitet. Platos Lehren beinhalten durchaus Elemente der *Maja*, er hält etwa die sichtbare Welt für einen Schatten der dahinterliegenden Wirklichkeit. Seiner Meinung nach hat aber jeder Aspekt der Welt eine eigenständige Identität. Heraklit hingegen geht davon aus, daß alles im Universum untrennbar miteinander verbunden ist. Seine Theorie des Werdens besagt, daß alles im Fluß ist. Diese Hypothese wurde nun, rund 2500 Jahre später, von der Chaostheorie aufgegriffen, die der amerikanische Wissenschaftsautor James Gleick als Wissenschaft der Prozesse und nicht der Zustände, des Werdens und nicht des

DIE WASSER DER ILLUSION

Der griechische Philosoph Heraklit erklärte seine Theorie des Werdens anhand eines Flusses: Man kann nicht zweimal in denselben Fluß steigen. Auch die *Maja* wird oft mit Wasser verglichen, das sich ständig verändert, stets weiterfließt. Es ist Symbol für die Illusion und wirkt auf sie ein. Wenn Wischnu seine Anhänger hinter den Schleier der *Maja* blicken lassen muß, ist das Wasser nicht weit. Einer bekannten Parabel zufolge unterzog sich ein Weiser einer so strengen Askese, daß er sich berechtigt fühlte, von Wischnu Wissen um das Geheimnis der *Maja* zu fordern. Dieser antwortete, indem er den Menschen in den nächsten Fluß steigen ließ. Der Weise entstieg dem Wasser als Frau und hatte sein früheres Leben vergessen. Nach einem Leben voll Freude und Leid, Erfolg und Niederlage warf die Frau sich verzweifelt auf den Scheiterhaufen zu ihrem ermordeten Mann. Sofort wurde das Feuer vom Wasser gelöscht. Der Weise erhielt seinen früheren Leib zurück, und es erschien ihm Wischnu. „Das ist *Maja*", sprach er, und der Weise verstand das Wesen der Illusion und des Universums.

Die Pilger steigen in Varanasi ins heilige Wasser des Ganges.

Schöpfung

Wischnu schläft auf dem kosmischen Ozean, hier auf einem Stein in einem Teich in Nepal.

Wie wichtig unter den Ariern Opferriten waren, zeigt sich anhand des berühmten wedischen Schöpfungsmythos von der Opferung des kosmischen Menschen *Puruscha*. Die Götter zerschnitten ihn, entnahmen das Viertel, das im Götterreich sichtbar war, und legten es ins Opferfeuer. Daraus wurden die wedischen Gottheiten Indra, Agni und Waju sowie die Himmelsrichtungen, Tiere, Menschen und die vier *Warnas* (Stände) geboren.

An anderer Stelle berichten die *Weden* vom kosmischen Ei oder Embryo, aus dem der Gott der Schöpfung geboren wurde, als die großen Meere sich erwärmten. In späteren Gesängen zeigt sich mehr Skepsis angesichts solcher Symbole; im zehnten Buch des *Rigweda* heißt es etwa: „Wer weiß es wirklich, wer könnte es sagen, woher er kommt, woher die Schöpfung stammt?"

In den westlichen Religionen gibt es einen Schöpfergott, der vor dem Menschen und dem All schon da war, im Hinduismus dagegen war am Anfang die Schöpfung. Die Welt entstammt nicht einem Schöpfungsakt, sondern einem Strukturierungsakt, durch den Ordnung ins Chaos gebracht wurde. Es heißt oft, daß das All aus der heiligen Silbe *Om* (S. 108–109) entstand oder aus einer inneren Leere, in der es „weder Sein noch Nichtsein" gab, „weder Tod noch Nichttod", aus einem einzigen Prinzip, aus dem die Vielfalt des Lebens kommt. Aus der Leere entstand Verlangen, aus dem Verlangen wurden Menschen, Götter und Dämonen.

Im Schöpfungsbericht der *Brhadaranjaka Upanischad* gab es am Anfang nur das reine Selbst in Form des Menschen, der ohne Schöpfergott existierte. Er sah sich um und sah nur sich, so rief er: „Ich bin!" Dann bekam er Angst, und da er ohne Freude war, teilte er sich, um nicht allein zu sein. Die weibliche Hälfte fragte: „Wie kann er sich mit mir vereinen, wo ich aus ihm stamme?“ und verbarg sich vor ihm. Sie wurde zur Kuh, aber er wurde ein Stier und vereinigte sich mit ihr. Sie wurde Stute, Geiß, Schaf und Eselin, er dagegen Hengst, Ziegenbock, Widder und Esel, so wurde die Welt bevölkert.

Die männliche Hälfte erkannte nun, daß sie selbst die Schöpfung war, da sie alles hervorgebracht hatte. Der Mensch wurde nicht nach Gottes Ebenbild geschaffen, sondern aus dem kosmischen Menschen geboren. Gott und Mensch sind daher aus einem Fleisch, beide stammen vom ersten Wesen, das nicht allein sein wollte und sich teilte.

Die beiden geschnitzten Paneele stammen von einem aus dem Felsen gehauenen Schrein in Badami im Bundesstaat Karnataka. Waraha (ganz links), die dritte Inkarnation Wischnus, wird traditionell als Eber dargestellt, in seiner fünften Inkarnation, Wamana (links), durchmißt Wischnu das Universum.

DAS RÜHREN IM OZEAN

In einer mythischen Erzählung heißt es, daß kurz nach der Erschaffung des Alls die Götter (*Dewas*) den großen Ozean aus Milch rühren wollten, um den Unsterblichkeitstrank *Soma* zu gewinnen. Sie boten den Dämonen (*Asuras*) einen Teil davon an, wenn diese den Schwanz der Schlange Wasuki ergreifen würden, die wie ein Seil um den riesigen Rührstock geschlungen war. Der Stock stand fest auf dem Meeresgrund, durch das Ziehen an der Schlange bewegte er sich hin und her, es entstanden davon Wogen, die die drei Welten zu vernichten drohten. Wischnu kam in Gestalt der Schildkröte Kurma und nahm den Stock auf den Rücken, um die Wogen zu glätten. Aus der schäumenden Milch kamen große Schätze.

Das aufgerührte Meer samt Kurma und Wasuki, dargestellt auf einem Gemälde aus dem 18. Jahrhundert.

Schiwa Nataraja

Schiwa tanzt in einem Flammenkranz, der seine strahlende Energie symbolisiert. Moderne Messingskulptur.

In ganz Südindien wird Schiwa als Schiwa Nataraja, als Gott des Tanzes, verehrt. In den Augen des großen indischen Philosophen und Kunsthistorikers Ananda Coomaraswamy ist Schiwas Tanz das deutlichste Bild göttlichen Handelns, das Religion und Kunst zu bieten haben.

Schiwas Tanz symbolisiert Einheit und Rhythmus des Lebens. Der unendliche, dynamische Prozeß aus Schöpfung und Vernichtung spiegelt sich in seiner Bewegung voll Energie wider. Schiwa tanzt in einem Feuerring, der für die ewige Kette aus Leben und Tod steht. Alles wandelt sich immerfort, die Energie nimmt im Spiel (*Lila*) der Schöpfung ständig neue Formen an, nur der Gott ist unveränderlich und absolut. Die bildhafte Darstellung des Tanzes verweist auf die „fünf Akte" des Gottes: Schaffung des Alls, seine Bewahrung im Raum, seine Auflösung am Ende des Zyklus der vier Weltalter (*Jugas*, S. 128–129), dem Verbergen des wahren Wesens des Göttlichen und dem Spenden wahrer Erkenntnis.

Schiwas Haltung im Tanz verweist auf den Aspekt *Tamas*, die auseinanderstrebenden Kräfte, die das All schaffen und zerstören. Das ist die erste der drei „Tendenzen" (*Gunas*), die der Sankhja-Philosophie zufolge das All durchdringen. Schiwa symbolisiert *Tamas* (Finsternis), den ewigen Zyklus aus Geburt, Veränderung und Tod aller Dinge, der Bewahrer Wischnu (S. 48–49) steht für die Kraft *Sattwa* (Ruhe), die die Atome aller Dinge zusammenhält. Dieses Zusammenhalten und Auseinandertreiben der Atome bewirkt eine Reibung (*Ra-*

Der Tempel von Chidambaram in Südindien gilt als Stätte des Tanzwettbewerbs, aus dem Schiwa als Sieger hervorging.

CHIDAMBARAM

Chidambaram ist der mythische Ort, an dem Schiwa seinen kosmischen Tanz aufführt; über 1000 Jahre lang war hier das Zentrum der schiwaitischen Kunst und Philosophie. Der berühmte Tempel wurde zwischen dem 10. und 16. Jahrhundert unter mehreren indischen Dynastien erbaut und ist Schiwa Nataraja geweiht. Dort tanzte Schiwa vor seiner Gemahlin Parwati (S. 74–75) seinen großen kosmischen Tanz. Die Ikone des tanzenden Schiwa befindet sich im großen Saal und symbolisiert den Atomkern und das Zentrum (*Bindu*) des Alls. Bestimmte Tempelteile symbolisieren die *Upanischaden*, die *Weden*, das *Purana* und andere heilige Schriften des Hinduismus. Der Tempel steht insgesamt für den hinduistischen Wissensschatz.

Nataraja mit Parwati im goldenen Saal von Chidambaram, dazu die Atome, deren Tanz er darstellt. Gemälde aus dem 19. Jahrhundert aus Tanjore in Tamil Nadu.

jas), durch die die Atome der Welt in Schwingung geraten, zugleich entsteht die Schwerkraft, die sie auf der Erde hält. Das ist die dritte Tendenz, symbolisiert von Brahma (S. 48–49). Sie bildet den Baustoff der Materie und der feinen Energien, wie etwa Wahrnehmung und Denken.

Allem wohnt Bewußtsein inne, es durchdringt das Universum seit seiner Entstehung aus dem ursprünglichen Energiezentrum (*Bindu*). In der ersten Phase war das All von „Raum" erfüllt, dem Bereich, in dem sich die Welt durch die Energie des Aspekts *Tamas* ausdehnen kann. Am Ende des gegenwärtigen Zeitalters der Unwissenheit (Kali Juga) beschleunigt sich die Ausdehnung, alles löst sich auf, und Schiwa tanzt den schrecklichen Zerstörungstanz *Tandava*.

EINSTEIN

Schiwas kosmischer Tanz steht für die Vorstellung, daß Masse und Energie einander entsprechen. Das ist eine verblüffende Parallele zur Wissenschaft, vor allem zu Einsteins Formel, derzufolge die Energie eines Atomteilchens gleich seiner Masse mal dem Quadrat der Lichtgeschwindigkeit ist: $E = mc^2$.

Dschainistische Kosmologie

Die dschainistische Vorstellung des Universums (*Loka*) ist die detaillierteste kosmologische Theorie, die Indien hervorgebracht hat. Zeit und Raum haben weder Anfang noch Ende, die Welt ist unendlich, unpersönlich und hat keine moralische Aufgabe. Sie wurde nicht geschaffen, sie besteht einfach. Das All ist eine gewaltig große Ausdehnung, in der unendlich viele Seelen ständig wiedergeboren werden.

In der dschainistischen Philosophie unterscheidet man im All zwei Kategorien: *Dschiwa* (Seele) und *Adschiwa* (Nichtseele). *Adschiwa* besteht aus den fünf Grundelementen *Dharma* (Bewegung), *Adharma* (Ruhe), *Pudgala* (Atome), *Akascha* (Raum) und *Kala* (Zeit).

Dschiwa, die Seele, ist ewig und transzendent und besteht aus reinem Bewußtsein, dem absoluter Wille innewohnt. Sie erfährt und erlebt die Welt durch die Augen und Ohren des Körpers, der nur eine Kombination von Atomen ist. Sie steuert die Geistesleistungen, nur sie kann spirituelles Wissen und Bewußtheit erlangen. Es gibt zwei Arten von *Dschiwas*: *Dschiwa* des Unbewegten, etwa der Steine und Pflanzen, und *Dschiwa* des Bewegten, dazu gehören alle Tiere, Götter und Menschen. Diese beiden unterschiedlichen Lebensformen haben vieles gemeinsam, da alle *Dschiwas* in der Materie des Körpers verhaftet sind.

Die Seele aller Götter, Dämonen, Steine, Menschen und Pflanzen wird ständig wiedergeboren, nur als Mensch kann man aber ins *Nirwana* eingehen. Der erleuchtete Zustand, in dem die Seele von der Person und ihren Wünschen sowie den Folgen des *Karma* befreit ist, ist im Dschainismus das höchste Ziel menschlichen Strebens, man kann es nach vielen Leben der Disziplin und Askese erreichen. Die Götter spielen in der Kosmologie eine untergeordnete Rolle, manche Dschainisten verehren sie aber, um Wohlstand oder göttlichen Schutz zu erlangen. Weil sie im Himmel leben, schwinden die günstigen Folgen des guten *Karma* rasch; sie fallen bald in den alten Kreislauf zurück und werden als Staub, Stein, Fluß, Wolke, Bakterie, Molch, Höllenwesen etc. wiedergeboren. Jeder Wiedergeburtszyklus dauert je nach Handeln und *Karma* der Seele bis zu 700 000 Jahre.

Die älteste dschainistische Schrift über Raum und Zeit trägt den Namen *Wjakhjaprajnapti* (Darlegung der Erklärungen), sie entstand um das 3. Jahrhundert v. Chr. und wurde später ergänzt. Darin ist die Form des Universums (*Loka*) genau beschrieben: in der Mitte eng, oben und unten weiter.

Ab dem 16. Jahrhundert wurde das Universum in Form eines riesigen Menschen (*Puruscha*) dargestellt. Er hat keinen eigenen Willen, sondern ist nur eine Ansammlung seelenloser Materie, die durch die Täuschung der ewig wandernden *Dschiwas* zusammengehalten wird.

Die Welt, in der die Menschen leben, ist die Mitte des Universums. Darunter liegen sieben Höllen, die tiefste und zugleich schrecklichste befindet sich am Fuß des Universums. Über der Menschenwelt gibt es 14 Himmel, die von verschiedenen Klassen von Göttern bewohnt werden. Ganz oben ist der „leicht gekrümmte Ort“, an dem die von der Wiedergeburt befreiten Seelen leben.

DER BERG MERU

Der Berg Meru symbolisiert im Dschainismus wie auch im Hinduismus die Achse der Welt, er ist die Mitte des Alls. Um ihn liegen in sieben Ringen die Meere, sieben Kontinente und die Himmel. In seiner Mitte befindet sich der Kontinent Jambudvipa, im Süden liegt, flankiert vom Himalaya, das legendäre alte Indien. Alle wichtigen Götter haben ihr Reich in seiner Nähe, und seine Wurzeln reichen bis in die Hölle hinab.

Auf der Mosaikdecke des Kanch Mandir in Indore in Madhya Pradesh ist das dschainistische Universum dargestellt, in der Mitte steht der Berg Meru.

ZEIT

Im Dschainismus ist die Zeit ein zwölfspeichiges Rad. Die Speichen stehen für den ewigen Kreislauf der Weltalter. Sechs Speichen weit dreht sich das Rad nach oben vom Dunkel zum Licht, dann sechs Speichen weit nach unten, vom goldenen Zeitalter zu einer Zeit voller Gewalt, Unwissen und Verwirrung. Das erste Zeitalter in der Abwärtsbewegung dauert viele Millionen Jahre. In dieser glanzvollen Epoche werden die Menschen als zehn Kilometer große Zwillinge geboren, die später heiraten und voll Glück leben. Nach drei immer trüberen Weltaltern kommt die Sorge auf die Welt, die Furtbereiter (S. 42–43) erscheinen und weisen einen Weg der Erlösung. Dieses „ungerade" Zeitalter heißt *Duhtcha* (das Sorgenvolle), es dauert 21 000 Jahre. Im dunkelsten Zeitalter der Abwärtsdrehung stirbt der Dschainismus, die Menschen leben als Zwerge in Höhlen und Unterschlupfen. Schlimmer kann es nicht kommen – es beginnt die Drehung nach oben, es erscheinen Retter und bringen den Dschainismus wieder, das goldene Zeitalter kehrt sechs Speichen lang zurück, und das Rad der Zeit dreht sich ewig weiter.

Astrologie

In diesem Manuskript aus dem 19. Jahrhundert sind die östliche und die westliche Hemisphäre des Himmels dargestellt.

Die Astrologie – die früher mit Astronomie gleichgesetzt wurde – wird in Indien nachweislich seit über 1500 Jahren ausgeübt. Sie entstand aus der Verschmelzung zweier großer Traditionen: der Wissenschaft der göttlichen Astronomie (*Jjoti*), die im *Purana* (S. 49) beschrieben ist, und der Astrologielehre der alten Griechen.

Die indische Astrologie ist der westlichen in vielem ähnlich, in beiden spielen der Tierkreis und der Einfluß der Planeten eine wichtige Rolle. In den ältesten indischen Schriften über Astrologie, den *Jawana-Jatakas* ist der ausländische Einfluß bemerkbar, bald aber tauchten auch *Jjoti*-Elemente wieder auf. Die Verbindung westlichen und indischen Denkens führte in Indien zu einer Blüte der wissenschaftlichen Astrologie. Die „modernen" Astrologen wußten um die Vorzüge beider Denkschulen und erkannten, daß die Vorstellung von der Erde als Scheibe keine Erklärung dafür bot, daß die Sternbilder in Indien anders liegen als in Griechenland. So entstand die Theorie von der runden Erde.

Der wohl wichtigste Unterschied zwischen indischer und moderner westlicher Astrologie liegt darin, daß die Zeit verschieden gemessen wird. Im Westen verwendet man das „tropische" System zur Erfassung des Tierkreises im Verhältnis zu den tatsächlichen Sternbewegungen, in Indien dagegen die „Sternzeit" auf der Grundlage der Sternenposition am Himmel.

DIE ZWEIGE DER ASTROLOGIE

Muhurta ist der Bereich der Astrologie, der der Bestimmung des günstigsten Zeitpunkts für eine Handlung dient. *Vishava*-Astrologie hilft bei der Partnerwahl und der Bestimmung des Hochzeitstermins. Ehepartner werden häufig per Zeitungsinserat gesucht, in dem auch das Horoskop des Wunschpartners angeführt ist.

Das Observatorium von Jaipur mit dem Sternzeichen Steinbock.

Neben den Stufen des Observatoriums Jantar Mantar in Delhi (erbaut im 13. Jahrhundert) befindet sich eine genaue Skala zur Messung der Planetenbewegungen.

ASTRONOMIE

Die erste Untersuchung der *Jjotis* („Lichter", „Himmelskörper") findet man in den *Wedangas*. Diese alten Kommentare sind die sogenannten „Glieder der *Weden*" und entstanden um 400 v. Chr. Wie die frühe Astrologie des Westens war auch die *Jjoti*-Lehre eine Wissenschaft, die aus Philosophie, Astronomie und Mathematik bestand.

Die ersten Astronomen, die *Jjotischas*, befaßten sich vor allem mit der Erstellung eines religiösen Kalenders. Grundlage dafür war der Mond, der in etwa monatlich durch Gruppen aus 27 oder 28 Sternen, die sogenannten „Mondhäuser", wanderte. Dieser Zyklus war aber unregelmäßig, so daß die *Jjotischas* einen längeren, regelmäßigen Zyklus suchten. Sie kamen dabei auf 19 Sonnenjahre.

Die Hauptaufgabe der *Jjotis* – die *Brahmanen*-Priester waren – lag in der Ermittlung des günstigsten Zeitpunktes für Opferungen. Da der Wohlstand des Königreichs von richtig durchgeführten Opferritualen abhing, spielten die Astrologen/Astronomen eine wichtige Rolle. In einem Anhang des *Atharwaweda* heißt es, daß ein König ohne Astrologe wie ein Junge ohne Vater sei.

Hinduistische Tempel

Der neuerliche Aufschwung des Hinduismus ab dem 5. Jahrhundert n. Chr. bewirkte einen Entwicklungsschub in der religiösen Kunst und Architektur. Die hinduistischen Tempel waren früher aus Holz erbaut worden, nun imitierte man beim Tempelbau den Stil der buddhistischen Heiligtümer (S. 36–37), die bei Ausgrabungen entdeckt worden waren. Die Tempel wurden aus Stein gehauen, wodurch eine symbolische Verbindung zu den Bergen und Höhlen, den traditionellen Wohnstätten der Götter und Göttinnen, erhalten blieb.

Für den Bau der Steintempel brauchte man großes technisches Können und viel architektonische Vorstellungskraft. Der wohl beeindruckendste „Bergtempel" Indiens ist der sogenannte Kailasha-Tempel in Ellora in Maharashtra. Er entstand im 8. und 9. Jahrhundert unter den Königen der Rashtrakuta-Dynastie. Für den Bau mußten gewaltige Felsmengen aus dem Berg entfernt werden, bevor der Skulpturenschmuck außen und innen am Tempel geschaffen werden konnte.

Ungefähr zur selben Zeit wurden besondere Baustrukturen für Tempelanlagen entwickelt. Die Pallawa-Könige, die vom 7. bis zum 9. Jahrhundert das Tamilenland regierten, spielten dabei eine wichtige Rolle.

In der Hauptstadt, dem alten Kanchipuram, entstanden über 100 hinduistische Schreine, deren Heiligtum mit einem pyramidenförmigen, gemauerten Turm überbaut war. Die Errungenschaften der Pallawas wurden im 10. und 11. Jahrhundert von ihren Nachfolgern, den Tscholas, weitergeführt. Sie

DIE HÖHLENTEMPEL VON ELLORA

Mit dem Begriff „Höhlentempel" lassen sich die großartigen Anlagen in der Nähe des westindischen Dorfes Ellora nur unzureichend beschreiben. Die Leistung der Rashtrakuta-Architekten ist mit dem Herausmeißeln einer ganzen Kathedrale aus einer Felswand vergleichbar.

In Ellora befinden sich 32 hinduistische, buddhistische und dschainistische Felsentempel, die zwischen dem 6. und 9. Jahrhundert erbaut wurden. In der Mitte des Komplexes steht der Kailasha-Tempel, der Schiwa und Parwati (S. 74–75) geweiht ist. Er ist 50 Meter lang und 29 Meter hoch. Freistehende „Siegespfeiler" umgeben den Mittelhof, dessen Galerien mit Ikonen und szenischen Reliefs geschmückt sind.

Hof des Kailasha-Tempels von Ellora. Man sieht deutlich, daß Galerie und Pfeiler aus dem Felsen gehauen wurden. Im Vordergrund steht eine Elefantenstatue.

DER TEMPEL ALS MANDALA

Die hinduistischen Tempel gelten als irdischer Wohnsitz der Gottheiten. Sie werden nach einheitlichen Regeln der Sakralarchitektur erbaut und sollen die Götter dazu bewegen, sich darin niederzulassen. Der Tempelbau ist eine Form von *Puja* (Verehrung), ein Ritual, um dem Göttlichen näherzukommen. Der Tempel ist gleichsam ein dreidimensionales *Mandala* (S. 100–101), ein Mikrokosmos, der das All darstellt. Im Zentrum befindet sich die Ikone der Gottheit, umgeben von Bildern ihres Gefolges in absteigender Rangfolge, so daß eine göttliche Hierarchie sichtbar wird. Über dem Allerheiligsten (*Garbhagriha*), dem Sitz der Gottheit, befindet sich der Tempelturm als Symbol für den Berg Meru, der mythischen Achse des Universums (S. 137).

Tempeltürme in Madurai (rechts) und Mamallapuram (unten).

errichteten Tempel mit hohen Türmen, etwa in Thanjavur, Gangaikond-Acholapuram und Chidambaram. Der Hauptschrein in Thanjavur, der Hauptstadt der Tscholas, besteht zur Gänze aus Granit, er ist mit 63 Metern Höhe der höchste Schrein Südindiens. Der Tempel von Thanjavur ist für seine Stein- und Bronzeskulpturen und die erzählerischen Wandmalereien an den Innenwänden seiner dunklen Durchgänge berühmt.

Die Nachfolger der Tscholas entwickelten deren Bauten weiter, es kamen neue Schreine hinzu, die von Mauern mit imposanten Tortürmen, sogenannten *Gopuras*, umgeben waren. Diese massiven Bauten waren doppelt so hoch wie breit und überragten nicht nur die Tempelanlage, sondern die ganze Stadt und das Umland. Die *Gopuras* hatten stets eine ungerade Zahl an Stockwerken mit nach oben hin abnehmender Höhe, zuoberst trugen sie ein Kuppeldach mit geschwungenen Rändern.

Im 16. und 17. Jahrhundert erlebten die hinduistische Religion und Kultur

Zahlreiche Götter, Göttinnen, Halbgötter und gewöhnliche Lebewesen bevölkern den Turm des Kapalishvara-Tempels von Madras, der im 18. Jahrhundert erbaut wurde.

Südindiens unter den Herrschern des Wijajanagara-Reichs eine Renaissance, der Tempelbau erlebte einen neuen Aufschwung. Die bestehenden Bauten wurden renoviert und vergrößert, so entstanden große Tempelstädte mit zahlreichen Schreinen und Reihen von *Gopuras*, die zum innersten Heiligtum führen. Zum Teil hing die rege Bautätigkeit damit zusammen, daß die hinduistischen Tempel wichtige Zentren der Theologie, Literatur und Kunst waren.

Tempel waren nicht bloß Gotteshäuser zur Durchführung religiöser Rituale, sondern irdische Darstellungen des Himmelreichs. Daß die Tempel als Ort für alle Götter und Göttinnen gedacht waren, zeigt sich – besonders in Südindien – an den geschnitzten, bemalten Statuen außen und innen am Tempel, die die wichtigsten Motive der indischen Sakralkunst umfassen. Die einzelnen Tempelebenen sind von zahlreichen Gottheiten bevölkert, angefangen von Schreinen auf Sockeln bis zu den Türmen über den Heiligtümern und Eingangs-*Gopuras*.

Seit dem 16. Jahrhundert sind die Tempeltürme in Südindien mit zahlreichen bunten Gipsfiguren geschmückt. Sie stellen die wichtigsten Aspekte und „Familienmitglieder“ der Gottheit dar, der das Heiligtum geweiht ist; meist ist

MAGISCHER SCHUTZ

Der Tempel ist das heilige Heim der Götter und muß daher vor unerwünschten negativen Kräften, etwa vor den Asura-Dämonen, die ständig gegen die *Dewas* (Götter) Krieg führen, geschützt werden. Daher stehen an den Eingängen und Öffnungen stets bewaffnete Wachen. Der Schutz beschränkt sich jedoch nicht auf Waffen allein. Häufig findet man auch schützende Flußgöttinnen mit Meeresmonstern oder Schildkröten als Reittiere, sie stehen für Ganges und Jumna. Außerdem gibt es Liebespaare, die sich auf vielfältige Weise eng umschlungen halten. Ihre sexuelle Energie steht für die Macht der Natur und bewirkt somit magischen Schutz. Solche Paare findet man häufig am Eingang hinduistischer Schreine. In manchen Tempeln, etwa in Khajuraho und Konarak, bilden sie eigenständige Kunstwerke, die Schutz und Wohlergehen im Tempel gewährleisten.

Die sexuelle Energie gilt als starke magische Kraft und wird oft auf Tempelwänden dargestellt, etwa hier im Tempel von Khajuraho aus dem 11. Jahrhundert.

es eine Form Schiwas, Wischnus oder der Muttergöttin.

Diese Fülle an Skulpturen war meist nicht auf göttliche Gestalten beschränkt, man findet in der hinduistischen Kunst auch niedrigere Wesen, etwa ätherische Musiker, Sänger und Tänzer, aber auch furchterregende Wachen mit Keulen und anderen Waffen. Auch verschiedene Tiere kommen vor, vor allem die Reittiere (*Wahanas*) der Götter und Göttinnen sowie Fabeltiere mit Löwenkopf und -körper, die in Südindien Jalis genannt werden. Diese Phantasiewesen stehen in Nischen und Bögen und zieren oft auch die Turmspitzen.

Die Moguln

Der erste und der letzte große Mogul-Kaiser Indiens, Babur und Aurangseb, waren Dichter. Das Vordringen des Islam nach Indien war zunächst von Gewalt und Zerstörung geprägt, unter der Herrschaft der Moguln von 1526 bis 1707 herrschte aber religiöse Toleranz. Prunk und Macht der Moguln zeigen sich in der glanzvollen Kunst und Architektur dieser Zeit.

Als erste Moslems kamen arabische Kaufleute im 8. und 9. Jahrhundert n. Chr. nach Panjab und Sind, um mit den ansässigen Königen Handel zu treiben. Ab dem 12. Jahrhundert kam es fast jedes Jahr zu Einfällen türkischer und afghanischer Sultane in Nordindien. Von 1340 an regierte das Sultanat Delhi über 24 Provinzen einschließlich Teile des Deccan und der Küste von Malabar im heutigen Tamil Nadu und Kerala. Im 15. Jahrhundert wurde der Ausbreitung des Islam durch die hinduistische Wijayanagara-Dynastie und die Rajputen im Norden bis zur Herrschaft des ersten Moguln Babur im Jahr 1526 Einhalt geboten. Während bei den Einfällen ins Sultanat Delhi die Angreifer das Land zu ihrer eigenen Bereicherung plünderten, gelten die sechs Moguln als „Inder, die zufällig Moslems waren". Unter den Moguln verschmolzen allmählich Denken, Kunst und Architektur des Islam und des Hinduismus. Akbar (1556–1605), der wohl größte Kaiser, heiratete die Tochter eines hinduistischen Königs, seine Nachkommen stammten daher von Hindus und Moslems ab. Hinduistische Generäle, Verwalter, Philosophen und Künstler standen im Dienst der Moguln. Die gewaltigen Bauvorhaben ließen sich nur in Zusammenarbeit mit den örtlichen Dynastien durchführen; die großartigsten Moscheen und Mausoleen wurden von hinduistischen und persischen Künstlern geschaffen. Die hinduistischen Tempel symbolisieren das Universum und seine zahlreichen Götter, die Moscheen der Moguln dagegen wurden Allah, dem einen wahren Gott, erbaut. Allah hat viele Namen, kann aber nicht dargestellt werden. Die Moscheen enthalten daher keine Statuen, sie sind licht und luftig und mit abstrakten Ornamenten ausgestaltet. Der Islam kennt ein Leben nach dem Tod statt der Wiedergeburt, die Toten werden begraben und nicht eingeäschert. Herrschergräber waren daher wichtige Merkmale der indischen Architektur. Riesige Mausoleen wie etwa der Taj Mahal und Akbars Grab in Sikandra gehören zu den schönsten Bauwerken Indiens.

DER TOLERANTE AKBAR

Als größter Mogul-Herrscher gilt Akbar. Mit 17 Jahren übernahm er die Macht aus den Händen seiner Berater und errichtete im halben Jahrhundert seiner Herrschaft ein Reich, das zu den kulturell und wirtschaftlich hochstehendsten Imperien der damaligen Welt gehörte. Die Beamten wurden mit Münzgeld entlohnt, die Bauern wurden nach dem Ernteertrag besteuert und konnten, anders als im feudalen Europa, frei über ihre Felder verfügen. Akbar unterdrückte die hinduistische Bevölkerung nicht, sondern strebte friedliches Zusammenleben an. Er besänftigte die Rajputen-Könige, indem er 1562 die Tochter Raja Bharmals von Amber ehelichte. 1563 schaffte er eine Steuer ab, die zuvor von hinduistischen Pilgern eingehoben worden war, im Jahr darauf nahm er die verhaßte *Jizja*-Kopfsteuer für alle Nicht-Moslems zurück.

Der Taj Mahal am Südufer des Flusses Yamuna außerhalb von Agra wurde von Schah Jehan zum Gedenken an seine Frau Arjumand Banu Begam, genannt Mumtaz Mahal („Erwählte des Palastes“), errichtet. Das Bauwerk ist somit nach ihr benannt. Die Bauzeit der Gesamtanlage betrug über 20 Jahre, es kamen dabei mehr als 20 000 Arbeiter zum Einsatz.

Gurus

Da der Hinduismus keine starren Dogmen kennt, war er nie eine Religion, bei der Bekehrung und Missionierung im Vordergrund stehen. Er ist die wohl toleranteste Großreligion. Andere Religionen werden nicht einfach abgelehnt, sie gelten vielmehr als Aspekte des einzigen Göttlichen, dessen mannigfache Gestalt sich in der trügerischen Vielfalt der *Maja* widerspiegelt.

Dennoch sind reisende Gurus mit ihrer Botschaft der Befreiung und Erleuchtung in den Augen des Westens für die östliche Spiritualität typisch. Die Öffentlichkeit begegnet ihnen mit gemischten Gefühlen, denn die Gurus predigen Selbstentäußerung, Versenkung und Lösung der Seele von der materiellen Welt, zugleich häufen manche aber im Westen gewaltigen Reichtum an. Das hervorstechendste Beispiel dafür war Bhagwan Rajneesh, dessen Anhänger nur rote oder orange Kleidung tragen. Er kam mit der Botschaft „Ich bin der Messias" in die USA, wurde aber später wenig ruhmreich des Landes verwiesen. Er wollte die Bindung seiner Anhänger an ihr Ego durchbrechen. Rajneesh wurde schon in jungen Jahren erleuchtet und bezeichnete sich selbst als göttlich. Gandhi dagegen bezeichnete sich als Menschen, der bescheiden nach Wahrheit strebt, und wurde doch von Millionen wie ein Heiliger verehrt.

Unter den Kleinplastiken von Schiwa und Ganescha, die hier im Dorf zum Verkauf angeboten werden, befinden sich auch eine Ikone Schirdi Sai Babas und ein Foto Swami Muktanandas, der beiden bekanntesten Gurus des 20. Jahrhunderts. Indische Gurus sind Menschen, werden aber wie Götter verehrt und geachtet.

Der Guru Nanak

Die Sihks machen zwar nur zwei Prozent der indischen Bevölkerung aus, haben aber relativ viel Einfluß auf die politische und geistige Entwicklung des Subkontinents.

Das wichtigste Grundprinzip dieser von Nanak gegründeten Religion ist der Glaube an das eine, transzendente, unausdrückbare und formlose Göttliche, das überall in seiner Schöpfung zu finden ist. Man findet hier Parallelen zum hinduistischen *Brahman* (S. 48). Nanak verwendete viele Namen für das Göttliche, auch die Namen mehrerer Götter des Hinduismus sowie islamische Bezeichnungen für Allah. Ihm zufolge offenbart sich das Göttliche, wenn man über seine Namen meditiert. Unterschiede zwischen den Religionen sind nur die Folge der *Maja* (Illusion), jeder Glaubensweg bleibt aber wirkungslos, wenn die Gläubigen der materiellen Welt verhaftet bleiben.

Der Guru Nanak war auch ein bedeutender Sozialreformer. Er nahm sich des Elends der *Parias* (der Unberührbaren) und anderer niederer hinduistischer Kasten an und lehrte sie die Erlösung durch den Weg der Hingabe (*Bhakti*, S. 58–59), der sie wie alle an-

DAS LEBEN NANAKS

Der Guru Nanak (1469–1539) wurde in Talwandi in der Nähe von Lahore im Panjab geboren. Sein Vater war ein niederer Regierungsbeamter, und auch Nanak wurde Beamter im Dienst des Sultans von Delhi. Trotz seines Ranges und der Tatsache, daß er Zeuge der Brutalität der Mogulninvasion war, predigte er die Gleichheit aller vor dem einen Gott und die Versöhnung zwischen Hindus und Moslems. Als junger Mann arbeitete er eine Weile für die Mogul-Herrscher von Sultanpur, doch nachdem ihm eine Offenbarung zuteil wurde, pilgerte er zu allen wichtigen hinduistischen und islamischen Heiligtümern, auch nach Mekka. Nach seiner Rückkehr gründete er eine religiöse Gemeinschaft.

Anfang des 16. Jahrhunderts kämpfte Martin Luther gerade für die Reform des Christentums in Europa, während Nanak in Indien der wachsenden Zahl seiner Jünger Einheit und Reform predigte. Er galt bei seinen Anhängern als Quelle aller Wahrheit, und als Zeichen ihrer Hingabe nannten sie sich nach dem Sanskrit-Wort für Jünger (*Schischja*) „Sikhs".

Nanak war verheiratet und hatte zwei Söhne, als Nachfolger wählte er aber seinen treuesten Jünger Lehna aus. Dieser nannte sich nun nach einem der weniger bekannten Sagenhelden „Angad". Was der Guru Nanak ihn gelehrt hatte, schrieb er im Buch des Herrn (*Granth Sahib*) auf, wofür er als Zeichen seines heiligen Inhalts eine neue Schrift (*Gurmukhi*) entwickelte.

Der Guru Nanak auf einer Miniatur aus dem 17. Jahrhundert.

deren Menschen auch durch Hingabe an das Göttliche zur Befreiung führen würde. Da er die Kastentrennung als ungerecht strikt ablehnte, gab er allen Sikhs den Nachnamen Singh („Löwe“) und gründete gemeinschaftliche Speisestätten in den Tempeln und Gemeinden der Sikhs, in denen alle Jünger gleich waren.

Nanaks Lehre wurde von Agnad, dem zweiten Guru der Sikhs, in den beiden Büchern *Adi Granth* (erstes Buch) und *Granth Sahib* (Buch des Herrn) festgehalten. Der fünfte Guru, Arjun, war der erste, der eines gewaltsamen Todes starb. Nach dem Tod des liberalen Kaisers Akbar schenkte er dem Prinzen Khusru, dem aufmüpfigen Sohn des neuen Kaisers Jahangir, einen Geldbetrag. Arjun wurde dafür zu einer Geldstrafe verurteilt, die zu zahlen er sich weigerte. Er wurde daher zu Tode gefoltert. In der Folge gaben die Sikhs ihre pazifistische Haltung auf und wurden eine kriegerische Gruppierung. Unter dem zehnten Guru, Govind Singh, organisierten sie sich als Militärorden.

Der zehnte war zugleich der letzte Guru. Vor seiner Ermordung 1708 verfügte Govind, daß es künftig keine Gurus mehr geben solle und die irdische Autorität des Göttlichen allein im Buch *Granth Sahib* ruhe. Die Sikhs teilten sich später in mehrere Gruppen unter der Führung von Sirdars auf. Heute sind sie in ganz Indien zu finden.

Der Goldene Tempel von Amritsar im Panjab ist das bedeutendste Heiligtum der Sikhs.

AMRITSAR

1579 stellte der Mogul-Kaiser Akbar dem vierten Guru, Ram Das, ein Stück Land im Panjab zur Verfügung, damit sich die Sikhs eine Hauptstadt erbauen konnten. Als erstes errichtete Ram Das ein riesiges Becken für das heilige Wasser, das „Nektarbecken“ (*Amrita Saras*), nach dem die Stadt benannt ist. Sein Nachfolger Arjun erbaute auf einer Insel im Becken einen Tempel, den der große Sikh-Herrscher Ranjit 200 Jahre später mit einer goldenen Kuppel versah.

Amritsar im Panjab im Nordwesten Indiens ist seit dem 16. Jahrhundert die Hauptstadt der Sikhs. Das Wort Panjab stammt aus dem Sanskrit und bedeutet „fünf Flüsse“. Damit sind die fünf Nebenflüsse des Indus gemeint.

Mahatma Gandhi

Mohandas Karamchand Gandhi (1869–1948) gehört zu den treibenden Kräften der indischen Unabhängigkeitsbewegung. Er bezeichnete sich schlicht als nach Wahrheit Suchender, in Asien, ja fast der ganzen Welt, gilt er aber als moralisches Vorbild, als kompromißloser Pazifist, unerschrockener Idealist und leidenschaftlicher, aber bescheidener Patriot, dem der Titel Mahatma („große Seele") wahrlich gebührt.

Der Sohn eines reichen Erbministers studierte in London Jura. 1893 gab er seine erfolgreiche Anwaltskanzlei in Bombay auf und zog nach Südafrika, wo er die nächsten 22 Jahre mit dem Kampf um die Rechte der indischen Einwanderer verbringen sollte. Er organisierte Protestkundgebungen gegen die Diskriminierung durch die weiße Regierung und gelangte zu der tiefen Überzeugung, daß der einzige ehrenhafte Weg zur politischen Veränderung in Überzeugungskraft und gewaltfreiem Protest liegt.

1914 kehrte er nach Indien zurück, doch bevor er sich ganz dem Kampf um die Unabhängigkeit und dem Einsatz für den Indischen Nationalkongreß verschrieb, verbrachte er ein Jahr als Beobachter und Lernender. In dieser Zeit entwickelte er die Grundsätze, an die er sich sein Leben lang halten sollte. Von zentraler Bedeutung ist dabei das Prinzip der Gewaltfreiheit (*Ahimsa*), deren Ursprung in Gandhis Heimat Gujarat zu finden ist. Elemente der Gewaltlosigkeit entdeckte er in der *Bhagawadgita* (S. 60–61) und im Neuen Testament, vor allem der Bergpredigt,

Im März 1930 wanderte Gandhi fast 400 Kilometer weit von seiner Heimat zum Meer, um dort als symbolische Auflehnung gegen das britische Monopol Salz herzustellen.

SELBSTGESPONNENE KLEIDUNG

In den Zwanzigern erstarkte unter Gandhi die Boykottbewegung, die Anfang des Jahrhunderts begonnen hatte. Ihr Ziel war die wirtschaftliche Schwächung der Kolonialherrn durch den Boykott britischer Waren und die Förderung der wirtschaftlichen Unabhängigkeit durch die Herstellung traditioneller Güter (*Swadeschi*). Gandhi verurteilte arbeitssparende Maschinen als Instrumente der Habgier, die Tausende Inder um ihre Arbeit brachten, und propagierte das Tragen selbstgesponnener Kleidung.

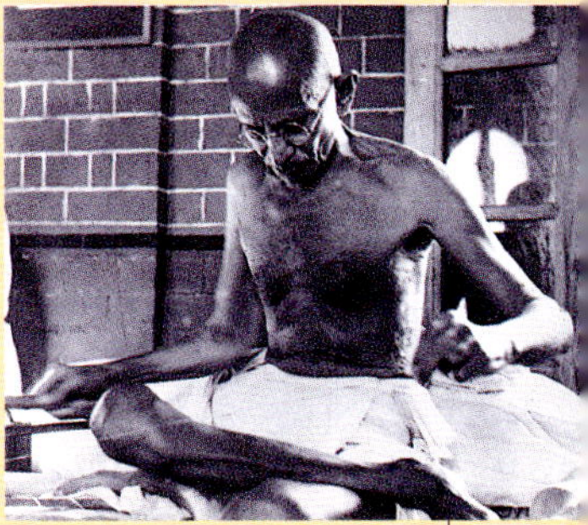

Gandhi spinnt in einer Harijan-*Gemeinde in Delhi ein* Khadi-*Tuch.*

bei Franz von Assisi, dem indischen Poeten Raychandbhai, dem englischen Kritiker John Ruskin und dem russischen Romancier Leo Tolstoi, mit dem er korrespondierte. Aus diesen Quellen entwickelte Gandhi seine Philosophie mit dem Schwerpunkt *Satya-Graha* (Wahrhaftigkeit). „Wahrheit" war seiner Auffassung nach der höchste Name Gottes. Er lehrte, daß man unter keinen, auch nicht den widrigsten Umständen Gewalt anwenden darf und daß es niemals gerechtfertigt sein kann, auch nur geringfügig von der Wahrheit abzuweichen. Das bedeutete keineswegs, passiv Zurückhaltung zu üben. Gandhi setzte seine Prinzipien vielmehr als politische Waffe ein. Wenn er seine Gegner weder mit Argumenten noch mit Verweigerung der Zusammenarbeit überzeugen konnte, reagierte er mit Fasten und ließ sich widerstandslos inhaftieren. Er war davon überzeugt, daß sein Leiden zu einem inneren Umschwung und dem Durchbruch seiner Wahrheit führen würde.

Gandhi wollte lieber die Menschen als die Gesellschaft verändern. Sein Traum vom freien Indien reichte über die Unabhängigkeit hinaus, es ging ihm auch um Freiheit vom Materialismus und dem ungerechten Kastensystem. Bevor er seine politische Kampagne startete, legte er die westliche Kleidung ab und ging wie Millionen indischer Bauern im Lendenschurz (*Dhoti*).

1920 befahl ein britischer General seinen moslemischen und buddhistischen Soldaten, auf eine friedliche Versammlung von Hindus in Amritsar zu schießen. Daraufhin begann Gandhi das Land unregierbar zu machen. Die nächsten 17 Jahre verbrachte er bis auf ein paar Gefängnisaufenthalte damit, den Briten abwechselnd Widerstand zu bieten und dann wieder zu verhandeln. In Indien wurde der zivile Ungehorsam zu einer landesweiten Bewegung. Als 1947 endlich das Ziel der Unabhängigkeit erreicht war, wurde die Freude durch die Teilung Indiens getrübt. Kaum ein Jahr später wurde Gandhi von einem hinduistischen Gegner seiner Politik der Aussöhnung zwischen Hindus und Moslems ermordet.

Statue Mahatma Gandhis in Delhi.

Maharishi Mahesh Yogi

„Ich stieg vom Himalaya herab und brachte eine Lehre, die Geist und Herz der Menschen in eine Höhe erhebt, auf der man wahres Wissen erlangen kann. Ich nenne die Lehre Meditation. Dadurch findet der Mensch die innerste Sphäre seines Lebens, in der Essenz, Kreativität, Weisheit, Frieden und Glück herrschen.“ Das verspricht Maharishi Mahesh Yogi, der Begründer der Transzendentalen Meditation (TM).

Der Maharishi Mahesh Yogi in fortgeschrittenem Alter, vor einem Bild seines Lehrers Schankaracharya (Swami Brahmananda) sitzend.

Der Maharishi gehört zu den erfolgreichsten hinduistischen Gurus im Westen. 1994 gab es weltweit über 1200 TM-Zentren, in denen mehr als 30 000 ausgebildete Lehrer tätig waren. Er gründete zwei Universitäten, die Maharishi European Research University in der Schweiz und die Maharishi International University in Iowa in den USA. Seine Bewegung ist so reich, daß er um 25 Millionen Pfund den riesigen englischen Landsitz Mentmore Towers, den größten TM-Aschram Europas, erwerben konnte.

Der Maharishi wurde 1917 als Mahesh Varma geboren. Er studierte beim Guru Swami Brahmananda, bei dem er angeblich die Yoga-Technik lernte, die er zur TM weiterentwickelte. Er gründete 1957 eine geistige Erneuerungsbewegung und reiste 1959 in die USA, wo seine sekuläre, psychologisch geprägte Methode deutlich mehr Anklang fand als die stärker religionsbetonten Lehren anderer Gurus.

Er bezeichnete die TM nicht als Religion und wollte sie auch mit allen Mitteln von Ritualen und Mystik freihalten. Sein Ziel bestand darin, das „volle Potential des Individuums spontan zu entfalten".

Seine Botschaft von der persönlichen Weiterentwicklung paßte gut zu den geistigen Strömungen in Europa und den USA in den sechziger Jahren, obwohl er die Anwendung halluzinogener Drogen ablehnte. Viele traditionelle indische Gurus lehren die Weltentsagung, der Maharishi dagegen predigte die Weltverbesserung durch Bewußtwerdung. Er versprach lediglich die Befreiung des Bewußtseins, nicht jedoch die Befreiung der Seele.

SWAMI MUKTANANDA

Swami Muktananda, der Leiter eines Zentrums für Siddha-Yoga, traf den Maharishi erstmals 1975 in der Schweiz. Er war ein Meister (*Siddha*) des Kundalini-Yoga (S. 94–95), seine Hauptlehre war die Yoga-Technik der Meditation (*Dhjana*). Nach dem Treffen mit dem Maharishi erklärten die Anhänger Muktanandas, daß diesem der Titel „Wegweiser zur Morgenröte des Zeitalters der Erleuchtung" verliehen worden sei und der Maharishi erklärt hätte, Muktananda habe den höchsten Bewußtseinszustand erreicht. Bald darauf kühlten die Beziehungen zwischen den beiden Meistern ab, der Maharishi verlangte, daß alle Aufzeichnungen ihrer Gespräche vernichtet werden sollten. Muktanandas Form des Kundalini-Yoga unterscheidet sich deutlich von der Lehre des Maharishi. Es ging ihm um seine persönliche Fähigkeit, das geistige Potential seiner Anhänger zu erwecken, für die er übrigens leicht erreichbar war. Der Maharishi dagegen verwies seine Jünger auf seine Lehre und nahm sich als Person zurück. Wie Muktananda erklärte, ist „Meditation keine Religion und auch nicht das Monopol eines Landes oder Glaubens. Sie ist ein Weg zum Frieden und für alle gedacht. Gott gehört allen gleich. Er ist in uns, wir sind in ihm." Muktanandas berühmtester Schüler ist der amerikanische Guru Da Love-Ananda.

Der Guru Swami Muktananda.

DIE BEATLES

Der ohnehin berühmte Maharishi Mahesh Yogi wurde im Westen noch bekannter, als der Beatle George Harrison sich für seine Lehre interessierte. Die Beatles und die Schauspielerin Mia Farrow suchten damals mit zahlreichen Journalisten im Gefolge den Aschram am Fuß des Himalaya auf.

Der Maharishi mit einigen seiner berühmtesten Jünger, darunter die Beatles, Mia Farrow und der Sänger Donovan, im Aschram im Himalaya. Die Beatles wandten sich später von der TM ab, ihr Besuch beim Maharishi brachte der Bewegung aber viel Zulauf.

Sai Baba

Sai Baba mit seinen Jüngern. Weltweit soll er über 50 Millionen Anhänger haben, die an seine Allgegenwart und Allwissenheit glauben. Das jetzige Zeitalter heißt bei ihnen Sai-Alter.

Sai Baba ist der mit Abstand berühmteste „heilige Mann“ Indiens. Seine Anhänger nennen ihn *Bhagwan* (Gott) und betrachten ihn als *Awatara* (Inkarnation) des Absoluten (*Brahman*), der in dieser Zeit der Korruptheit auf die Erde kam, um *Bhakti* (S. 58–59) und Rechtschaffenheit wiederherzustellen. Sai Baba ist eine schwer faßbare Gestalt, die unter einem Wust mythologischer Verehrungsliteratur über sein Leben fast verschwindet. Am bekanntesten ist er für seine Wunder, die *Siddhis*, die ihm als „Visitenkarten“ und Beweis seiner Göttlichkeit dienten.

Sai Baba erlebte einen kometenhaften Aufstieg. 1940 fiel er im Alter von 13 in eine lange Trance, während der er abwechselnd ekstatisch lachte, weinte und sang. Eines Tages erwachte er und begann, Süßigkeiten und Geschenke für Nachbarn und Freunde herbeizuzaubern. Er erzählte, er sei die Inkarnation des großen Yogi Schirdi Sai Baba, der einige Jahre zuvor verstorben war. Seine Schulzeit ist von einer Reihe magischer Ereignisse gekennzeichnet, und als er 18 war, begann die wachsende Zahl seiner Jünger ihm in Andhra Pradesh einen Aschram zu bauen. 1990 hatte er in Indien rund sechs Millionen Jünger, dazu kamen 50 Millionen Anhänger aus weiteren 64 Ländern.

Wie bei seiner ersten Inkarnation kommen Sai Babas Jünger auch diesmal aus allen Kasten, Klassen, Völkern und Religionen. Er sagt von sich, daß er als Inkarnation des Absoluten die Grenzen aller Religionen transzendiert.

Sein Kult ist durch besondere Hingabe (*Bhakti*) gekennzeichnet. Sai Baba gilt bei seinen Anhängern nicht als Lehrer oder Guru, der den Weg zur Erleuchtung weist, sondern als Verkörperung der Liebe Gottes. Sie glauben, daß er alle Zeit bei ihnen ist, jeden einzelnen von ihnen liebt und sich um ihn kümmert. Sai Baba persönlich ist selten zu sehen, durch seine Kräfte (*Siddhis*) kann er aber angeblich an mehreren Orten zugleich erscheinen, er kann auch die ganze Vergangenheit, Gegenwart und Zukunft sehen.

Sai Babas göttliche Liebe zeigt sich durch seine berühmte Fähigkeit, Gegenstände „aus dem Nichts" herbeizuschaffen. Schmuck, Süßigkeiten, Parfum, Bilder mit seinem Porträt und Statuen verschiedener Gottheiten „pflückt" er scheinbar aus der Luft und gibt sie seinen Anhängern als *Prasad*, als heilige Speise oder Gegenstand, den die Gläubigen beim *Puja*-Ritual (S. 104–105) einer Gottheit schenken. Nachdem die *Prasads* durch den Kontakt mit dem Gott geweiht sind, erhalten sie sie zurück.

DIE ANDEREN BABAS

Der Name Sai Baba (göttliche Eltern) steht für die Einheit der beiden göttlichen Prinzipien Schiwa und Schakti. Der jetzige Sai Baba ist die zweite seiner drei Inkarnationen. Die erste wird zu Schaktis *Awataras* gezählt, die zweite, jetzige, gilt als Inkarnation Schiwas und Schaktis zugleich, in der dritten wird er als Prem Sai, als Inkarnation Schiwas, geboren werden.

HEILIGE ASCHE

Zu Sai Babas größten *Siddhis* gehört das „Herbeizaubern" heiliger Asche (*Vibhuti*), angeblich „erzeugt" er am Tag mehr als ein halbes Kilo, so daß oft das ganze Zimmer mit Asche bedeckt ist. Sie symbolisiert seine derzeitige Inkarnation – Yogi Schirdi Sai Baba –, in deren Gestalt er den Gläubigen Asche des heiligen Feuers reicht. Seine Anhänger schreiben der Asche Heilkräfte zu. Man ißt sie in kleinen Mengen oder bestreicht damit die erkrankte Körperstelle.

SCHIRDI SAI BABA

Die erste Inkarnation Sai Babas war der südindische Yogi Schirdi Sai Baba, der 1918 in Indien starb. Seine Herkunft ist rätselhaft. Es heißt, daß er erstmals als 16jähriger gesehen wurde, als er sich in einem Dorf in Maharashtra unter einen heiligen Zedrachbaum setzte und drei Jahre lang meditierte. Bald verbreitete sich sein Ruf als Yogi, und eine Gruppe von Anhängern erkannte ihn als göttliches Wesen. Er hatte hinduistische und moslemische Jünger und betrachtete sein Leben lang beide Richtungen als gleichwertig. Er lehrte, daß alle Menschen gleich und alle Götter eins sind. Er war Hatha-Yogi (S. 88–89) und lehrte den hinduistischen Weg zu Gott durch Yoga, Opfer, Buße und Erkenntnis, verbrachte aber einen großen Teil seines Lebens in Moscheen; er war Meister der hinduistischen *Wedanta*-Philosophie und betete zugleich auch zu Allah, dem Gott der Moslems. Er hielt stets ein heiliges Feuer in Gang, dessen Asche er seinen Anhängern als Wundermittel gegen Krankheiten und Elixier zur inneren Wandlung überreichte. Die Asche ist auch dem hinduistischen Gott Schiwa heilig und daher wichtiges Symbol der Schiwaiten.

Statue zur Verehrung von Schirdi Sai Baba im südindischen Staat Maharashtra.

Rajneesh

Bhagwan (Gott) Shree Rajneesh kam 1981 mit der Botschaft in die USA, daß er der Messias sei. Er verbrachte nur vier Jahre im Westen, in dieser Zeit sammelte er aber ungeheure Reichtümer an, er gründete etwa eine 260 km² große „Stadt“ für 5000 Anhänger. 1985 wurde er – wenig ruhmreich – in Handschellen abgeführt und nach Indien ausgewiesen, wo er 1990 starb.

Er wurde 1931 in Madhya Pradesh geboren und von seinen Großeltern als Dschainist erzogen. Seinen Angaben zufolge erlebte er als Siebenjähriger erstmals ein *Samadhi* (Ekstase), mit 21 wurde ihm in Form einer seelischen „Explosion“ Erleuchtung zuteil. Er beendete sein Studium und wurde 1958 Philosophieprofessor an der Universität von Jabalpur, wo er neun Jahre lang tätig war.

Bhagwan Shree Rajneesh bei einer seiner charismatischen Predigten.

In dieser Zeit reiste er durch Indien und hielt Vorträge über hinduistische und westliche Philosophie, wobei er stets vor den Einengungen durch die grossen Religionen warnte. 1967 gab er nach einer Reihe äußerst heftiger Attacken gegen die hinduistische Moral und die soziale und sexuelle Unterdrückung seine Lehrtätigkeit auf.

1970 nahm er den Titel Bhagwan an, was ebenso wie die Bezeichnung der Anhänger seiner äußerst unorthodoxen Lehre als *Sannjasins* (Mönche) höchst umstritten war. Er stellte sich immer deutlicher gegen den traditionellen Hinduismus, doch nun kamen westliche Anhänger zu Tausenden in seinen Aschram in Poona im Bundesstaat Maharashtra. Er selbst lebte dort sieben Jahre lang und hielt täglich Vorträge, die in über 650 Büchern veröffentlicht und in 30 Sprachen übersetzt wurden.

Rajneesh wird in einem Rolls Royce durch Rajneeshpuram in Oregon gefahren.

1981 legte er ein Schweigegelübde ab und reiste heimlich in die USA, wo seine Anhänger in einem Dorf in Oregon eine Ranch kauften und die vollkommene Stadt Rajneeshpuram zu errichten begannen. Neben dem Hauptsaal für 25 000 Personen beherbergte der Gebäudekomplex auch Luxushotels und einen Bauernhof. Alle Bauten wurden von Rajneeshs Jüngern errichtet.

1984 aber kam die Bewegung in eine Krise. Rajneesh brach sein Schweigegelübde, aber seinen Reden fehlte das frühere Charisma. Rajneeshpuram glich immer mehr einer Festung, die von Wachpatrouillen kontrolliert wurde. Die ansässige Bevölkerung stellte sich zunehmend gegen seine Jünger, viele Kirchenführer waren durch seine Sicht des Christentums vor den Kopf gestoßen. Schließlich wurde Rajneesh wegen ungesetzlicher Eheschließungen verhaftet und später nach Indien ausgewiesen.

DIE MYSTISCHE ROSENMEDITATION

Eines der von Rajneesh eingeführten Rituale war die mystische 21tägige Rosenmeditation: die erste Woche wird drei Stunden täglich gelacht, die zweite Woche drei Stunden täglich geweint, die dritte Woche drei Stunden täglich Zeugnis abgelegt. Rajneesh erklärte, dies sei der größte Durchbruch in der Meditation seit 2500 Jahren. Seiner Ansicht nach braucht man solche Techniken zur Zerschlagung des Ego. Einige seiner Anhänger kritisieren jedoch, daß sie sich als Versuchskaninchen für Rajneeshs geistige Experimente fühlten.

Rajneeshs Anhänger in der orangen Kleidung der Sannyasins *(Weltentsagenden) bei einem ekstatischen Gebetstreffen.*

RAJNEESHS YOGA

Rajneesh lehrte eine eklektizistische Mischung aus indischem Yoga und westlicher Psychotherapie. Unter dem Einfluß der Mystiker P. D. Oupensky und G. I. Gurdijeff wandelte er die Lehre C. G. Jungs und R. D. Laings für seine Bedürfnisse ab. Er betrachtete den Menschen als grundsätzlich neurotisch, so daß er geistige Führung brauche. Er lehrte die Befreiung des Egos durch direkte Auseinandersetzung mit emotionalen Blockierungen. Mit kathartischen Methoden konfrontierte er seine Anhänger mit ihren Neurosen. Er lehrte eine neu-tantrische Philosophie über die Kraft der sexuellen Vereinigung als Weg zu höherem Bewußtsein und setzte sexuelle mit göttlicher Liebe gleich. Sexualität war für ihn eine Möglichkeit, Schuldgefühle und Hemmungen abzubauen, er war ein Gegner des Zölibats. Moral war in seinen Augen eine falsche Münze, mit der die Menschen betrogen werden, keinesfalls aber eine Religion.

Krischna-Bewußtsein

Bhaktiwedanta Swami Prabhupada veröffentlichte im Lauf seines Lebens 50 Bücher mit einer Gesamtauflage von zehn Millionen Exemplaren. Bekannter als er selbst ist allerdings der Name seiner 1969 gegründeten Bewegung: Internationale Gesellschaft für Krischna-Bewußtsein (ISKCON), kurz Hare-Krischna-Bewegung. Junge „Hare Krischnas", die auf der Straße Bücher und Broschüren anbieten, sind auf der ganzen Welt zu finden. Sie tanzen, singen und trommeln zu Ehren Krischnas (S. 62–63), ihr Kopf ist kahlgeschoren, und sie tragen safranfarbene Kleidung.

Die Theologie des Krischna-Bewußtseins ist ein Ableger einer alten Strömung der ekstatischen Wischnu-Verehrung, die der Yogi Chaitanya im 15. Jahrhundert lehrte. Dieser Heilige gehörte zu den wichtigsten Vertretern der *Bhakti*-Bewegung. Er galt schon zu Lebzeiten als Inkarnation Krischnas und ist der Stammvater der wischnuitischen Gurus, von denen Swami Prabhupada seine Herkunft ableitet. Chaitanya erklärte sich zum Gründer der Baul-Sekte, deren Mitglieder als wandernde Sänger- und Dichtergruppen durch Indien zogen, um Essen bettelten und Yoga und Askese übten. Ihr ekstatischer Hingabekult war stark vom wischnuitischen Tantrismus geprägt, dem zufolge die Dualität nur Illusion ist und man durch die symbolische Vereinigung der beiden göttlichen Prinzipien im rituellen Geschlechtsakt zur Einheit gelangen kann. Die *Bhakti*-Bewegung setzte menschliche und göttliche Liebe gleich und verehrte Krischna in ekstatischer Trance und mit dem Rezitieren heiliger Gesänge und *Mantras*.

Wie viele andere geistliche Führer Indiens wird auch Swami Prabhupadas Leben als eine Art Heiligenlegende erzählt. Er wurde 1896 in Kalkutta als Abhaya Charan Dey geboren. Angeblich sagte ihm bei seiner Geburt ein Astrologe voraus, daß er mit 70 Jahren Indien verlassen und im Westen Krischna-*Bhakti* lehren würde. Seine Eltern waren überzeugte Wischnuiten, er kannte von Kindheit an die gesamte Hingabe-Literatur und war strenger Ve-

DAS MAHAMANTRA

Der Name „Hare Krischna" kommt vom hinduistischen *Mahamantra*: Hare Krischna, Hare Krischna, Krischna Krischna, Hare Hare, Hare Rama, Hare Rama, Rama Rama, Hare Hare. Dieses „große *Mantra*" des Wischnuismus beinhaltet die Kraft (*Schakti*) Krischnas und Ramas, Wischnus wichtigster *Awataras*.

ISKCON-Mitglieder in Großbritannien in ihrem religiösen Zentrum Bhaktiwedanta Manor in Letchmore Heath, Hertfordshire. 1973 schenkte der Popsänger George Harrison dieses Haus der Krischna-Bewegung.

Streitwagen mit Bildern Krischnas und seiner Geschwister auf einem Festzug, daneben Hare-Krischna-Mitglieder

getarier. 1922 lernte er den Yogi Srila Bhaktisiddhanta Saraswati kennen, zehn Jahre später schloß er sich ihm an. Vor seinem Tod im Jahr 1936 befahl ihm sein Guru, seine Englischkenntnisse zu nutzen und Bücher zu verfassen, die die Welt „mit Krischna-Bewußtsein durchtränken" sollten. 1965 reiste er in die USA und gründete am Höhepunkt der „Blumenkinder"-Bewegung in San Francisco (Kalifornien) die Hare-Krischna-Bewegung ISKCON.

Prabhupada lehrte die vollkommene Hingabe an Krischna sowie Selbstverwirklichung, wodurch die Seele sich in einem Leben in Abstinenz und Liebe dem Krischna-Bewußtsein öffnet. Fleisch, Eier, Alkohol, Tee, Kaffee und andere Drogen sind verboten, Sexualität ist nur in der Ehe und nur zum Zweck der Forpflanzung erlaubt. Viele westliche Krischna-Anhänger bezeichnen sich nicht als Hindus und betrachten Krischna nicht als Inkarnation Wischnus und somit als einen unter vielen hinduistischen Göttern, sondern als den einzigen Gott, die „Höchste Persönlichkeit Gottes".

DER LSD-GURU

Sri Bhakti Vijaya Acarya gehörte zu den prominentesten westlichen Persönlichkeiten der ISKCON, bevor er 1977 seinen „Pilgerorden" gründete. Er war dort für den Westen der USA, Kenia, Südafrika und einen Großteil Westeuropas zuständig. Es heißt oft, daß er sich von der ISKCON abwandte, weil er fest daran glaubte, daß Drogen wie LSD die Menschen in der westlichen Welt der *Maja* (Illusion) erleuchten und ihre geistige Entwicklung fördern können. Er hatte einige Jahre beim „LSD-Guru" Timothy Leary verbracht und war ein wichtiges Mitglied in Learys Stiftung und der „League for Spiritual Discovery" in San Francisco.

Pilgerrouten

Die sieben heiligen Städte

Die indischen Pilgerstätten werden als *Tirthas* (Furten) bezeichnet, da sie sozusagen einen Übergang zwischen weltlicher und göttlicher Ebene bilden *Tirthas* sind zum Beispiel Flüsse wie der Ganges oder Berggipfel wie der Berg Kailash, der mythische Wohnort Schiwas. Schiwaitische *Tirthas* bilden oft natürliche *Lingas,* wie etwa das Amarnath-*Linga* (S. 67). Zu diesem Stalagmiten in einer Berghöhle in der Nähe der Grenze zwischen Indien und Tibet pilgern zu jedem August-Vollmond Tausende hinduistische Pilger. *Tirthas* können auch Orte sein, an denen Gottheiten auf die Erde gekommen sind, sie sind für die Pilger daher Pforten zum Reich der Götter.

Im hinduistischen Indien gibt es sieben heilige Städte als wichtige Pilgerziele: Varanasi und Hardwar am Ganges (S. 162–163), Ramas Geburtsort Ayodhya, Krischnas Geburtsort Mathura, Dwarka, wo Krischna als König herrschte und Krischna Wasudewa geboren wurde (S. 62), die berühmte schiwaitische Tempelstadt Kanchipuram in Tamil Nadu (S. 164) sowie Ujjain, wo alle zwölf Jahre das Kumbha Mela-Fest stattfindet (S. 162).

Die wichtigste Pilgerfahrt führt die Hindus zu den vier göttlichen „Wohnsitzen" in den vier Himmelsrichtungen des mythologischen Indien: nach Badrinath im Norden, Puri im Osten, Rameshwaram im Süden und Dwarka im Westen. Badrinath liegt im Himalaya in der Nähe der Ganges-Quelle und ist ein Ort der Schiwa-Verehrung, in Puri und Dwarka wird Krischna geehrt. Ende Juni findet in Puri das Rathayatra-Fest statt, bei dem Tausende Pilger riesige Streitwagen mit Bildnissen Jagannathas (einer Form Krischnas), seines Bruders Balarama und seiner Schwester Subhadra durch die Stadt führen. Rameshwaram ist eine Insel zwischen dem indischen Festland und Sri Lanka, die Rama auf seiner Reise zur Befreiung seiner Gemahlin Sita (S. 53) aufgesucht haben soll.

Pilger beim Abstieg vom Berg Shatrunjaya. Dieser „Hügel, der die Feinde besiegt", gehört zu den fünf heiligen Bergen des Schwetambara-Dschainismus.

Die Ganges-Tour

Der Ganges ist der heiligste Fluß Indiens. Sein Wasser gilt bei den Hindus als ewig fließend, denn er entspringt am Berg Meru, dem mythischen Berg in der Mitte des Alls, dem Wohnort der Götter (S. 137). Von dort fließt er durch Schiwas Haar wie über ein Kissen zur Erde. Der Ganges wird von den Hindus als die Göttin Ganga (S. 79) verehrt, die Städte Varanasi, Allahabad und Hardwar am Ganges sind wichtige Pilgerstätten. Durch das Bad im Fluß wird das *Karma* aus früheren und dem jetzigen Leben abgewaschen und somit eine günstige Wiedergeburt ermöglicht.

Der Tempel, der der Gangesquelle am nächsten liegt, befindet sich in dem kleinen Bergdorf Gangotri auf 3140 Meter Höhe, einen Halbtagesmarsch von der Pilgerstadt Rishikesh entfernt. Gaumukh, die eigentliche Gangesquelle, liegt eine weitere Tagesreise entfernt auf 4225 Meter Höhe, wo der Gangotri-Gletscher in den Fluß Bhagirathi übergeht. An der Quelle befinden sich Gebetsfahnen und kleine Schreine, in den nahe gelegenen Höhlen leben Asketen, die in der Einsamkeit meditieren. Nicht weit davon steht der 3580 Meter hoch gelegene Tempel von Kedarnath, er ist eine wichtige Pilgerstätte der Schiwa-Verehrung, ebenso die heißen Quellen und der Tempel von Badrinath im Tal zwischen den Bergen Nar Parbat und Narayana Parbat.

Ab Hardwar, einer der sieben heiligen Städte des hinduistischen Indien (S. 161), strömt der Ganges durch das Flachland zum Golf von Bengalen. Aus dem Gebirge kommend, passiert er eine enge Schlucht, deren Hauptarm von zwei Steinlöwen flankiert ist. Die Bedeutung Hardwars hängt mit der geographischen Lage und der spirituellen Reinheit des Wassers zusammen, das die Pilger aus ganz Indien für Reinigungszeremonien mit nach Hause nehmen. Alle zwölf Jahre wird in der Stadt das große Kumbha Mela-Fest gefeiert, an dem Millionen Gläubige im heiligen Wasser baden. Das Fest findet abwechselnd auch in Ujjain, Nasik und Allahabad statt, wo sich 1989 über 15 Millionen Pilger versammelten. Allahabad gilt als Prayag (Ort des Opfers), da Brahma hier ein Opfer darbrachte. Zum wichtigen Pilgerort wurde die Stadt auch wegen ihrer Lage an der Vereinigung von Ganges und Yamuna mit dem mythischen Fluß Sarasvati, der hier von seinem heiligen unterirdischen Flußbett aus unsichtbar in den Ganges einmünden soll.

Varanasi, das frühere Kashi (Stadt des Lichts), ist beliebter als die anderen indischen *Tirthas* (Furten). Die Stadt liegt besonders günstig an einer Flußbiegung des Ganges nach Norden, außerdem herrscht hier Schiwa in Gestalt von Wischwanatha, des Gottes des Alls. Der größte der zahlreichen Tempel ist der Wischwanatha-Tempel, das Gangeswasser symbolisiert Schiwas göttliche Kraft (*Schakti*). Varanasi ist auch Buddhisten und Dschainisten heilig. Der historische Buddha besuchte die Stadt und hielt im Wildpark im nahe gelegenen Sarnath (S. 34) seine berühmte Rede. Mahawira, der Gründer des Dschainismus, lebte ebenso in der Stadt wie der Dichter Kabir.

GANZ LINKS *Der Tempel von Garhwal, der von einem nepalesischen General erbaut wurde, ist das der Gangesquelle am nächsten gelegene Heiligtum. Er ist Ganga, der Göttin des Ganges, geweiht. Hier meditierte der hinduistische Heilige Raja Bhagirathi.*

LINKS *Ein alter Mann bei der rituellen Waschung im Ganges in Varanasi. Viele Hindus kommen in diese Stadt, um vor dem Tod hier zu baden. Das Wasser soll sie von ihren Sünden reinigen.*

Der Ganges steht im Zentrum des hinduistischen Glaubens und seiner Mythen. Er entspringt im Himalaya und strömt durch das Herz Indiens. Fast die Hälfte der Bevölkerung des Landes lebt im Gangesbecken.

KARTE GANGES-TOUR

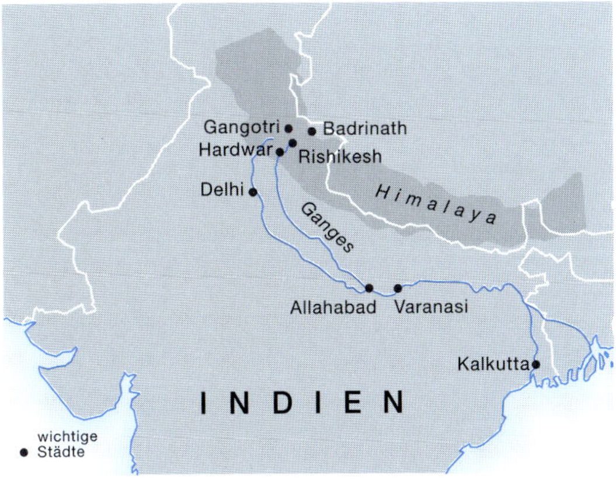

Stätten der Schiwa-Verehrung in Südindien

Eine Rundreise zu den südindischen Tempeln beginnt man am besten in Mamallapuram, in der Nähe von Madras an der Ostküste von Tamil Nadu. Die dortige Tempelanlage gehört zu den malerischsten des hinduistischen Indien. Es sind fast 70 aus dem Felsen gehauene Monolithen, Höhlen und Skulpturen erhalten, weiters die berühmten Zwillingstempel an der Küste des Dorfes. Die Felsentempel gehören zu den ältesten Beispielen der südindischen Monumentalarchitektur, ihre Felskunst zählt zu den beeindruckendsten Wahrzeichen der Pallawa-Dynastie, die zwischen 4. und 9. Jahrhundert n. Chr. über fast ganz Südindien herrschte.

Etwas weiter nördlich liegt die berühmte Tempelstadt Kanchipuram, die Hauptstadt der Pallawas und vom 9. bis 13. Jahrhundert n. Chr. Hauptstadt der Tschola-Dynastie. Kanchipuram gilt als eine der sieben heiligen Städte des indischen Hinduismus, es gibt dort über 150 Tempel, die verschiedenen hinduistischen Gottheiten geweiht sind. In erster Linie wird aber Schiwa verehrt. Zu den bekanntesten Tempeln gehören die Schiwa Nataraja und Durga geweihte Anlage Kailashanatha sowie der Schiwa-Tempel Ekambareshvara.

Die fünf Elemente (Erde, Wasser, Feuer, Luft und Äther) werden in Südindien durch fünf Tempel-*Lingas* symbolisiert. Sie zu besuchen, ist ein wichtiger Teil der Pilgerfahrt. Das erste ist das Erd-*Linga* von Ekambareshvara in Kanchipuram. Das zweite ist ein Wasser-*Linga* im Tempel

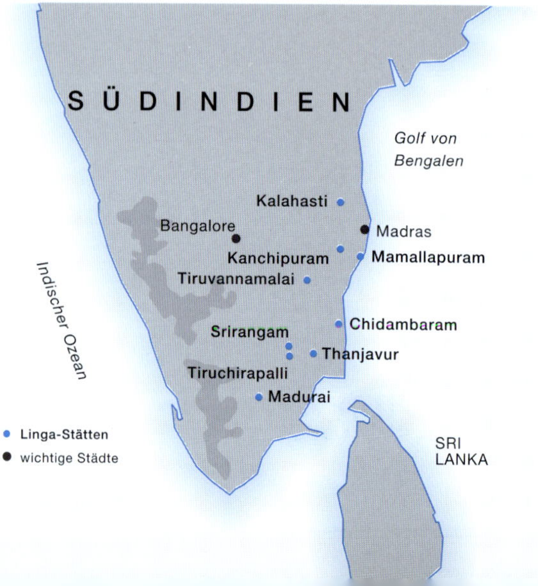

Von den eindrucksvollen Felsentempeln von Mamallapuram aus dem 7. Jahrhundert bis zu den großartigen Tempelanlagen des 17. Jahrhunderts n. Chr. gibt es in Südindien zahlreiche Beispiele hinduistischer Tempelkunst. Einzigartig sind die Bauten nicht nur wegen ihrer Größe und Schönheit; im Unterschied zu den nordindischen Baudenkmälern sind die Tempel im Süden nach wie vor pulsierende Zentren von Religion, Kunst und Wissenschaft.

von Jambukeshvara auf der Flußinsel Srirangam in der Nähe der Tempelstadt Tiruchirapalli. Das Wasser-*Linga* befindet sich, ständig von Wasser überflutet, in einem kleinen Becken, das von einer natürlichen Quelle gespeist wird.

Das dritte *Linga*, ein Feuer-*Linga*, wird in Tiruvannamalai in einem der größten Schiwa-Tempel Südindiens verehrt. Tiruvannamalai ist insbesondere für das große Feuerfest Ende November berühmt. In der zehnten, letzten Festnacht wird ein riesiges Feuer entzündet, das Schiwas mythisches Erscheinen in einer Flammensäule symbolisiert.

Das Luft- oder Wind-*Linga* befindet sich in Kalahasti am Ufer des heiligen Flusses Svarnamukhi im südlichen Andhra Pradesh. Kalahasti war ein bedeutendes religiöses Zentrum der Wijayanagara-Dynastie. Sein wichtigstes Wahrzeichen ist der Kalahastishvara-Tempel mit dem Wind-*Linga*.

Das fünfte Element, der Raum oder Äther, wird vom *Linga* von Chidambaram (S. 134) in dem berühmten, Schiwa Natajara und seinem göttlichen Tanz Ananda Tandava geweihten Tschola-Tempel symbolisiert. Dieses Kristall-*Linga* ist das wichtigste der fünf, weil es für das ätherische fünfte Gesicht Schiwas steht, das die anderen vier umfaßt und transzendiert.

Der wohl bedeutendste schiwaitische Tempel Südindiens ist der Brihadishvara-Tempel in Thanjavur, der zwischen 9. und 13. Jahrhundert n. Chr. von der Tschola-Dynastie erbaut wurde. Sein massives, gut 3,5 Meter hohes *Linga* steht unter dem größten Tor (*Gopura*) aller südindischen Tempel, seine Wandmalereien und Bronzeskulpturen zählen zu den schönsten Beispielen schiwaitischer Kunst.

Die bedeutendste erhaltene Felsskulptur der Zeit der Pallawa-Dynastie in Mamallapuram ist das Relief „Ardschunas Buße“, *es stellt eine Szene aus dem Leben des mystischen Kriegers der* Bhagawadgita *dar und wird auch als* herabfließender Ganges *bezeichnet.*

Dschainistische und buddhistische Tirthas

Die bedeutendsten dschainistischen und buddhistischen *Tirthas* (Furten) liegen vor allem im Gangesbecken, wo der dschainistische Heilige Mahawira und Buddha lebten, lehrten und starben. Das weltweit berühmteste Buddha-Heiligtum ist Bodh Gaja, der Schrein zum Zeichen der Erleuchtung Buddhas (S. 32–33). Bodh Gaja liegt zwölf Kilometer südlich von Gaja im Staat Bihar. Das Wort Bihar kommt aus dem Sanskrit und bedeutet „buddhistisches Kloster". Gaja ist ebenfalls eine wichtige Pilgerstätte: der dortige Wischnupada-Tempel wurde der Überlieferung nach auf einem Fußabdruck des hinduistischen Gottes Wischnu erbaut, im Tempelgarten steht ein Banyan-Baum, unter dem Buddha sechs Jahre lang meditiert haben soll. Der Mahabodhi-Tempel von Bodh Gaja beherbergt den berühmtesten Kultgegenstand, einen Ableger des *Bodhi*-Baums, unter dessen Schutz Buddha angeblich zur Erleuchtung gelangte.

Zehn Kilometer nördlich von Varanasi liegt im Bundesstaat Uttar Pradesh der Wildpark Saranath, wo Buddha seine erste Predigt hielt (S. 34). Der über 30 Meter hohe Stupa von Damekh bezeichnet den genauen Ort. Kushingara im östlichen Uttar Pradesh ist der Sterbe- und Einäscherungsort des historischen Buddha; geboren wurde er in der Stadt Lumbini ein Stück über der Grenze zu Nepal.

Varanasi gehört auch zu den großen dschainistischen *Tirthas* und Pilgerorten. Der 23. dschainistische Furtbereiter Parschwa wurde angeblich hier geboren und verbrachte seine Kindheit in dieser Stadt. Das nahe gelegene Ayodhya wird mit vielen dschainistischen Heiligen in Verbindung gebracht; angeblich ist es die alte Hauptstadt Bharatas, des ersten dschainistischen Monarchen. 32 Kilometer südöstlich von Patna liegt Pava, der Sterbeort des 24. *Tirthankaras* Mahawira. Der weiße Marmortempel Jalmandir mitten in einem Lotosteich steht an seiner Einäscherungsstätte. Mahawira wurde in Vaishali 40 Kilometer nördlich von Patna geboren.

Die fünf heiligen Berge der Schwetambara-Dschainisten sind Abu, Girnar, Shatrunjaya, Samneta und der legendäre Berg Ashtapada, wo der erste Furtbereiter Rishabha erlöst wurde. Der Girnar liegt im westlichen Gujarat. Ihre 16 Tempel sind die größte dschainistische Tempelanlage, die dem 26. Furtbereiter Neminatha gewidmet ist.

Von Palitana in Gujarat aus führt ein zweistündiger Aufstieg zum Berg Shatrunjaya, dem Hügel, „der Feinde besiegt". Indiens größte Tempelstadt des Schwetambara-Dschainismus besteht aus über 1000 dschainistischen

Anläßlich des Mahamastakabhisheka-Festes besteigen Digambara-Dschainisten („Luftgekleidete") den großen Hügel von Shravana Belgola. Das Fest wurde seit dem 10. Jahrhundert n. Chr. nur 70mal veranstaltet.

Überblickskarte der wichtigsten dschainistischen und buddhistischen Pilgerstätten in Indien.

Schreinen und 800 Tempeln. Ihr Besuch gilt als ebenso verdienstvoll wie ein Besuch aller anderen *Tirthas* zusammen. Angeblich wurde die Stadt von Bharata erbaut, Rishabha suchte sie auf, und hier sollen auch 19 künftige Furtbereiter ihre Lehre verkünden. Shravana Belgola, der „weiße See“ der Asketen der Digambara-Dschainisten, liegt auf halber Strecke zwischen den Städten Mysore und Bangalore in Karnataka. Sein „großer Hügel“ wird von einem 18 Meter hohen Bildnis des ersten erlösten Menschen, Gommateshvaras, beherrscht. Der „kleine Hügel“ daneben galt vor dem Gommateshvara-Bildnis als wichtigste *Tirtha*-Stätte und besonders heiliger Ort für *Sallekhana*, das Fasten bis zum Tod.

Meditation

Der Aufbau des Jantras

Das Wort *Jantra* kommt aus dem Sanskrit und bedeutet „Instrument". *Jantras* sind symbolische Diagramme, die die Tantrikas als Meditationshilfe verwenden (S. 110). Sie symbolisieren verschiedene Ebenen schöpferischer Energie (*Schakti*), die vom Zentrum des Universums ausstrahlt. Ihr Ursprungsort ist ein Punkt (*Bindu*) in der Mitte des *Jantras*, die verschiedenen Energieformen werden durch Kombinationen aus Dreiecken, Quadraten, Fünfecken und Kreisen dargestellt, die zusammen das *Jantra* bilden.

Die neun Dreiecke des Schri-Jantra stehen zum Beispiel für die neun Namen der Göttin Dewi (S. 78–79); fünf Dreiecke mit der Spitze nach unten symbolisieren das *Joni* (Vulva), die vier nach oben zeigenden Dreiecke das *Linga* (Phallus). Fünfecke bedeuten die fünf Gesichter Schiwas und die fünf Elemente (S. 164–165). Dreiecke und die drei Farben Weiß, Rot und Schwarz symbolisieren die drei göttlichen Aufgaben Schöpfung, Bewahrung und Auflösung, zugleich die drei „Eigenschaften" des materiellen Lebens und die hinduistische Dreifaltigkeit von Brahma, Wischnu und Schiwa (S. 48–49). Die Grundfarben des *Jantras* stehen für den Zweck, dem es dienen soll: Gelb und Rot symbolisieren die positive Kraft des *Jantras*, dunkle Farben wie Braun und Blau meist negative, zerstörerische Macht.

Bei der Meditation über ein *Jantra* nimmt man dessen Energien in sich auf, sie werden zu Bewußtseinsebenen des betreffenden Menschen. Zuerst konzentriert man sich auf das *Jantra*, dann schließt man die Augen und versucht, sich sein Aussehen ins Gedächtnis zu rufen, bis man seine äußere Form ganz genau vor Augen hat. Die Novizen beginnen mit komplizierten *Jantras*, deren zahlreiche Ringe für die wichtigsten Bewußtseinsebenen (etwa Gefühle) stehen, die man durch Meditation transzendieren soll.

Nach dem Meditieren über komplexe *Jantras* wenden sich Fortgeschrittenere abstrakten Diagrammen zu. Bei ihnen spielt der Mittelpunkt des *Jantra* (*Bindu*) eine

DIE GRUNDSTRUKTUR DER JANTRAS

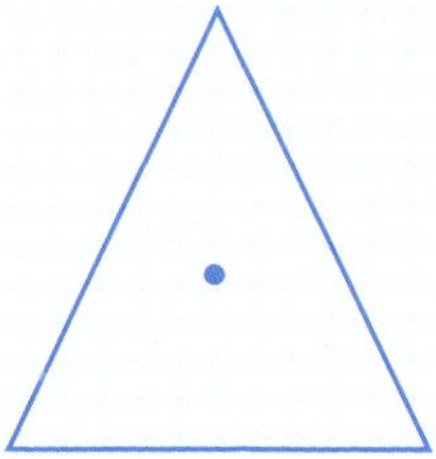

Der optische Mittelpunkt des Jantras *wird* Bindu *(Punkt) genannt und steht für die Quelle der Schöpfung und den Punkt, an den alles zurückkehrt.*

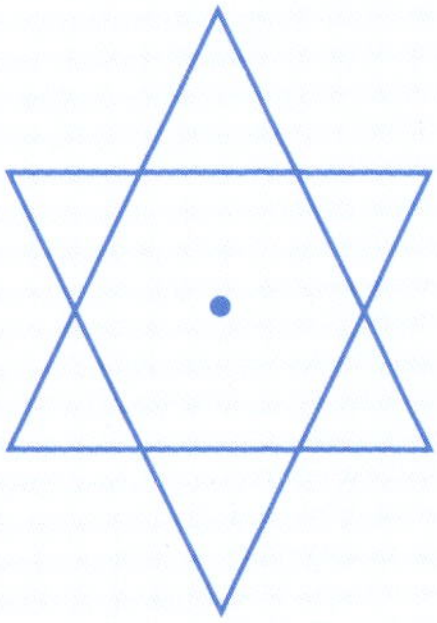

Bindu *löst hier die Gegensätze auf- und abwärts zeigender Dreiecke auf.*

Jedes Lotosblatt dieses Jantras *in Form eines Bronzeamuletts aus dem 18. Jahrhundert trägt einen Sanskritnamen oder „Samen" als* Mantra *einer hinduistischen Gottheit.*

wesentliche Rolle. Er steht für das Zentrum des Alls, auf den man die gesamte Aufmerksamkeit und das ganze Bewußtsein richtet. Schließlich werden die Meditierenden eins mit dem Meditationsobjekt.

Die Novizen erlernen zuerst Grundtechniken des Yoga wie Atemkontrolle (*Pranajama*), um den Geist zur Ruhe zu bringen und Konzentration entstehen zu lassen. Dann wird dem *Jantra* im Ritual *Pranapratistha* „Lebenskraft" eingehaucht. Dabei wird der zuvor profane Ort, den das *Jantra* umschließt, mittels Ausatmen durch das rechte Nasenloch und Sprechen eines *Mantras* geheiligt.

Weiter Fortgeschrittene konzentrieren sich am Anfang der Meditation auf den Randbereich des *Jantras*, eine quadratische Einfassung mit vier „Toren", die in die vier Himmelsrichtungen weisen. Der Rand steht für starke Gefühle wie Ärger, Wollust oder Angst. Durch Kontemplation dieser Leidenschaften kann man sie überwinden. Der Meditierende steigt dann durch die Bewußtseinsebenen, die durch die äußeren Ringe des *Jantra* symbolisiert werden, auf und transzendiert das körperliche Selbst, nun dringt er in die feinen inneren Ringe ein, wodurch sich das Bewußtsein allmählich erhellt. Die großen Meister brauchen allerdings kein äußerliches *Jantra*, sie stellen sich das gesamte Bild nur vor und lassen es sich von der Mitte her ausbreiten, so wie das All vom Mittelpunkt *Bindu* aus erschaffen wurde. Wenn sie das ganze Diagramm vor Augen haben, beginnen sie die Meditation vom Randbereich aus und lösen das materielle Universum auf dem Weg zurück zum Mittelpunkt symbolisch auf.

Das Sonnengebet

Surja Namaskar, das Sonnengebet, ist eine alte Übung, um mit der Grundenergie des Universums in Kontakt zu treten und den Körper zu beleben. Man führt es in der Morgendämmerung durch, um die Energie der aufgehenden Sonne zu lenken und Blut und Bauchraum anzuregen.

Surja Namaskar ist eine Abfolge aus sieben Yoga-*Asanas*, die man rasch hintereinander in einem Zug ausführt. Die Übungsfolge soll mehrmals wiederholt und allmählich immer schneller werden. Ziel ist es, möglichst fließend von einer Position in die andere überzuwechseln, so daß die einzelnen Schritte wie eine einzige Abwärtsbewegung wirken, durch deren Umkehrung man wieder in die Ausgangsposition zurückkehrt. Man soll dabei versuchen, die Atmung mit den Bewegungen in Einklang zu bringen.

1) In der Haltung Tadasana *aufstellen, die Fersen berühren einander. Hände vor der Brust in der Grußgeste* Namaskar *aneinanderlegen.*

2) Einatmen, die Arme nach oben in die Position Urdhva Hastasana *führen; die Hände weit über den Kopf heben und den Oberkörper so weit wie möglich zurückbeugen. Die Arme sind durchgestreckt und berühren die Ohren.*

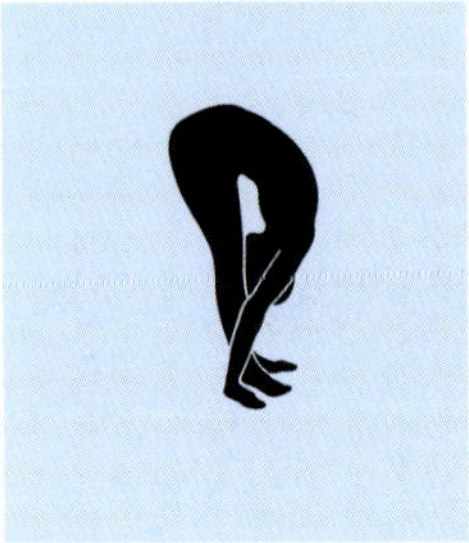

3) Ausatmen und den Körper nach unten in die Stellung Uttanasana *vorbeugen. Die Handflächen liegen neben den Füßen auf dem Boden. Bei gestreckten Beinen und nach untem hängendem Kopf berührt die Nase die Knie.*

4) Einatmen und das linke Bein möglichst gerade nach hinten strecken, so daß der Rist auf dem Boden liegt. Dann das rechte Knie abbiegen und zwischen den Armen nach vor ziehen, die Handflächen liegen in einer Linie mit dem rechten Fuß auf dem Boden.

5) Beim Ausatmen nach hinten in die Stellung Adho Mukha Svanasana *„springen", das rechte Bein nach hinten führen, bis beide Füße nebeneinander stehen. Dann die Hüfte heben und mit dem Kinn die Brust berühren. Der Kopf zeigt nach unten, so daß man durch die Beine blicken kann.*

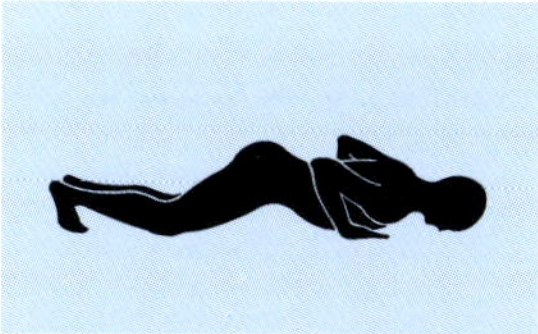

6) Einatmen und nach unten in die Stellung Caturanga Dandasana *„springen", das Körpergewicht dabei auf die Zehen verlagern. Handflächen, Stirn, Brust, Knie und Füße berühren den Boden, die Hüften bleiben leicht angehoben. Jetzt ausatmen.*

7) Brustkorb heben und nach außen drücken, dabei tief einatmen und die Stellung Urdhva Mukha Svanasana *einnehmen. Möglichst viel Gewicht von den Händen wegnehmen, die mit der Handfläche nach unten flach aufliegen. Den Hals so weit, wie ohne Überdehnung möglich, zurückbiegen. Einen Atemzug lang so bleiben, dann die Übungen in umgekehrter Reihenfolge wiederholen, bis die Ausgangshaltung* Tadasana *erreicht ist. Einen Atemzug lang rasten und die gesamte Abfolge so oft wie möglich wiederholen. Manche Gurus empfehlen so viele Wiederholungen wie das jeweilige Alter in Jahren.*

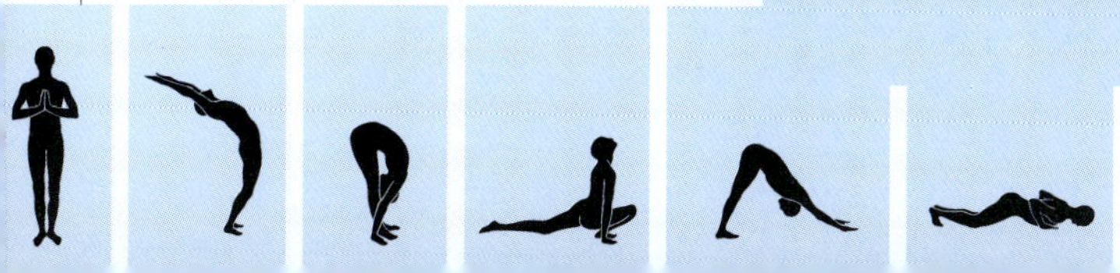

Glossar

Aghori: Klasse der *Sadhus.*

Agni: Wedischer Herr des Feuers.

Ahimsa: Gewaltlosigkeit.

Amman: Südindische Muttergottheit.

Anatman: Buddhistisches Konzept des „Nichtich".

Ardschuna: Held der *Bhagawadgita*, Verbündeter Krischnas.

Arhat: Für einen Menschen höchstmögliche geistliche Stufe. Ein Buddha kann auch *Arhat* genannt werden.

Arier: Besetzten Indien um 2500 v. Chr. Verfasser der *Weden.*

Arita: Unordnung, Chaos.

Asana: Körperstellung der Yogi bei der Meditation.

Aschram: Abgeschiedener Ort in der hinduistischen Religion.

Atharwaweda: Vierter *Weda*, für die Feuerpriester verfaßt.

Atman: Das „Selbst", der „Geist" oder die „Seele".

Awatar: Inkarnation eines Gottes, gewöhnlich für Wischnu verwendet.

Awidja: Buddhistischer Begriff mit der Bedeutung „Ignoranz", „Nichtwissen".

Ayyappan: Südindischer Gott, gezeugt von Schiwa und Wischnu.

Betel: Anregungs- und Genußmittel. Opfergabe für Götter.

Bhagawadgita: „Gesang des Erhabenen", sechtes Buch des *Mahabharata.*

Bhairava: Furchterregende Seite Schiwas.

Bhakti: „Hingabe", „Liebe" zu einem persönlichen Gott.

Bhawa: Künstlerische „Stimmung", innerer Zustand.

Bindu: Zentraler Punkt des Universums, aus dem alle Dinge entstanden sind.

Bodhi-Baum: Baum der Erleuchtung, unter dem Buddha meditierte.

Bodhisattwa: „Ein zur Erleuchtung bestimmter", zukünftiger Buddha, ein buddhistischer Heiliger.

Brahma: Der Schöpfer, einer der Götter der hinduistischen Trinität.

Brahman: Das absolute, allem Seienden zugrunde liegende Prinzip.

Brahmanas: Alte rituelle Texte. Kommentare zu den *Weden.*

Brahmin: Priesterkaste. Höchste Kaste im hinduistischen Kastensystem.

Buddha: „Der Erleuchtete", die historische Figur Siddhartha Gautama.

Chinnamasta: Göttin der Weisheit, ein Aspekt der Dewi.

Dewi: Die Göttin schlechthin.

Dharma: Religiöses Gesetz, sittliches Gebot, Lehre, Gesetz des Lebens. Man muß zwischen dem Dharma im Hinduismus und im Buddhismus unterscheiden.

Dhjana: Meditation

Dhunia: Feuer der *Sadhus.*

Digambara: Dschainistische Sekte, deren Anhänger nackt gehen.

Dschiwa: Ein dschainistischer „Sieger" oder Heiliger.

Dukkha: Buddhistischer Begriff für Leiden.

Durga: Eine Verkörperung Dewis. Wird als furchterregende Seite der Göttin Parwati verehrt.

Ganescha: Der Hindernisentferner, Schiwas elephantenköpfiger Sohn.

Ganga: Der Fluß Ganges selbst und die Göttin des Flußes.

Garbhagriha: Das Allerheiligste eines Tempels.

Garuda: Ein Adler, Reittier Wischnus.

Gopis: Kuhhirtinnen, von Krischna geliebt.

Gopura: Tempeleingang mit Turm.

Hanuman: Affengott, Mitstreiter Ramas.

Hatha-Yoga: Das Yoga der „Kraft" oder das körperliche Yoga.

Ida: Energiekanal, linker Atemkanal.

Indra: Wedischer König der Götter.

Irrmudi: Von Pilgern auf dem Kopf getragener Stoffbeutel.

Ischwara: Das absolut Göttliche im Hinduismus.

Jadschurweda: Der dritte *Weda.*

Jantra: Symbolisches Diagramm. Wird bei der Meditation benutzt.

Jayikukka: „Den Sieg davontragen"; Ayyappans Weg der Erlösung.

Jnana: Der Weg des Wissens.

Joni: Symbol des weiblichen Geschlechtsteiles, Emblem der Dewi.

Juga: Ein Weltzeitalter.

Jyotis: Naturgeformte *Lingas.*

Kali: Furchterregende schiwaitische Göttin der Zerstörung.

Kali Juga: Zeitalter der Ignoranz.

Kalki: Zukünftiger Erlöser der Welt, eine Inkarnation Wischnus.

Kalpa: Weltzeitalter, gleichgesetzt mit dem Leben Brahmas.

Kama: Verlangen, Gott der Liebe.

Karma: „Tat, Werk". Das Fortwirken der guten und bösen Taten des Menschen.

Kevala: „Größte Weisheit" im Dschainismus.

Krim: Kalis „Samenmantra".

Krischna: Inkarnation Wischnus, populärer Held des *Mahabharata.*

Kschatrija: Kaste der Krieger.

Kundalini: Die Schlange, eine Form des Yoga.

Laghiman: Levitation (freies Schweben).

Lakschmi: Göttin, Gemahlin Wischnus.

Lila: Göttliches „Spiel".

***Linga*:** Phallisches Emblem Schiwas.

Loka: Hinduistisches Universum.

Mahabharata: Episches Gedicht, Wjasa zugeschrieben.

Mahasiddhi: Yoga-Kräfte.
Mahajana: Vorherrschende Schule des Buddhismus.
Mahawira: Der letzte der 24 Furtbereiter.
Mahisura: Büffeldämon.
Maitreja: Der kommende Buddha.
Maja: Die Illusion der irdischen Realität.
Mandala: Magisches Diagramm, das den Kosmos und das Bewußtsein repräsentiert.
Mantra: Heilige Silbe, rituelle Zauberformel.
Meru: Mystischer Weltberg, Achse des Universums.
Mohini: Weibliche Form Wischnus.
Mokscha: Die persönliche Befreiung vom *Samsara*-Kreislauf.
Muchilinda: Der schlangengestaltige Beschützer des meditierenden Buddha.
Mudra: Symbolische Handgeste.
Mukteschwara: Attribut Schiwas.
Muni: Weiser, Asket.
Murugana: Südindischer Name Skandas.
Nadi: Energiekanal.
Nagaraja: König der Schlangengötter.
Nagas: Schlangengötter und Heiligenbilder.
Nandi: Ein Bulle, Reittier Schiwas.
Narasimha: Löwenköpfige Inkarnation Wischnus.
Nataraja: Herr des Tanzes, Attribut Schiwas.
Nath: Schiwaitischer Yogi, Meister des Radscha-Yoga.
Nirwana: „Verlöschen".
Om: Heilige Silbe, aus der das Universum erstanden ist.
Pandawas: Fünf Brüder, Helden des *Mahabharata*.
Paria: „Unberührbarer", kastenloser Hindu.
Parschwa: 23. dschainistischer Furtbereiter.
Parwati: Tochter des Himalaya, Gemahlin Schiwas.
Patanjali: Autor der *Yoga-Sutra*.
Pingala: Energiekanal, rechter Atemkanal.
Pradakschima: Rituelles Gehen im Uhrzeigersinn.
Pralaya: Zerstörung.
Prana: Bezeichnung des Atems als Lebenskraft.
Pranajama: Yoga-Disziplin der Atem- und Energiekontrolle.
Puja: Anbetung eines Gottes.
Puranas: Heilige Sammlung von Legenden und rituellen Praktiken.
Puruscha: Urgeist, männliches Prinzip im Hinduismus.
Radha: Krischnas Geliebte und bevorzugte Kuhhirtin.
Radscha-Yoga: „Königliches Yoga", von Patanjali vertreten.
Ragas: Musikalische Skalen.
Rama: Inkarnation Wischnus, Held des Ramajana.
Ramajana: Verserzählung über den Prinzen Rama.
Rasa: Ästhetische Freude an Kunstwerken.
Rawana: Dämonenkönig Sri Lankas, von Rama besiegt.
Rigweda: Ältester und verehrtester der vier *Weden*.
Rischis: Die „Seher", die die *Weden* schufen.
Rita: Ordnung, Struktur.
Rudra: Wedische Sturmgottheit, vielleicht der Prototyp Schiwas.
Sadhu: Asket, der Welt entsagender Mensch.
Sahasrara: Das höchste Tschakra.
Samadhi: Durch Meditation erreichte tiefe „Versenkung".
Samaweda: Der zweite *Weda*, Sammlung ritueller Gesänge.
Samsara: Der endlose Kreislauf von Tod und Wiedergeburt.
Sangham: Buddhistische Ordnung oder Gemeinde von Mönchen.
Sannjasin: Wandernder Asket, arbeitet an der vierten Stufe des Lebens.
Saraswati: Göttin der Weisheit, Gemahlin Brahmas.
Sati: Rituelle Witwenverbrennung.
Satya-Graha: „Wahrhaftigkeit", völlige Gewaltlosigkeit.
Schakti: Weibliche Urkraft des Kosmos, oft mit der Göttin Durga gleichgesetzt..
Schastra: Abhandlung über korrektes Benehmen und Handeln.
Schiwa: Der Zerstörer, hinduistischer Hauptgott, Herr des Yoga.
Schiwa-Schakti: Die zweigeschlechtliche Natur der Gottheit.
Schudra: Kaste der Knechte.
Schwetambara: Dschainitische Hauptsekte.
Siddha: Yoga-Meister.
Siddhi: Vollkommenheit im Yoga.
Sita: Gemahlin Ramas, Heldin des *Ramajana*.
Skanda: Zweiter Sohn von Schiwa und Parwati.
Soma: Mythisches Getränk der Götter, Elixier der Unsterblichkeit.
Suschumna: Der zentrale Energiekanal.
Tabla: Indische Trommel.
Tantra: Ritueller Weg zur Erlösung durch die *Tantras*.
Tantras: Religiöse Texte, die einen esoterischen Weg zur Erleuchtung beschreiben.
Tirtha: „Furt" zwischen weltlichen und göttlichen Reichen.
Tirthankaras: Die Furtbereiter.
Trimurti: Hinduistische Trinität von Brahma, Wischnu und Schiwa.
Tschakra: Wurfscheibe Wischnus. Energiezentrum im Yoga.
Upanischaden: Philosophischer Kommentar zu den *Weden*.
Wischnuitisch: Wischnu betreffend.
Wischnuiten: Anhänger Wischnus.
Warnas: Die vier Kasten.
***Weden*:** Die ältesten hinduistischen Texte.
Wischnu: Der Bewahrer. Gott der hinduistischen Trinität.
Writra: Wedischer Dämon.
Yoga: Klassische indische Philosophie und Wissenschaft der Erleuchtung.
Yogi: Ausübender des Yoga.

Bibliographie

Zusammenstellung: Markus Goeke

Aurobindo, Sri: Das göttliche Leben. Übertragen von Heinz Kapps. 3 Bde. Gladenbach 1974.

Bechert, Heinz: Buddhismus. Staat und Gesellschaft in den Ländern des Theravada-Buddhismus. 3 Bde. Frankfurt 1966–1973.

Bechert, H. v. (Hg.): Die Sprache der ältesten buddhistischen Überlieferung. Göttingen 1980.

Bechert, Heinz, Gombrich, Richard (Hg.): Der Buddhismus. Geschichte und Gegenwart. München 1989.

Bellinger, Gerhard J.: Knaurs großer Religionsführer. München 1986.

Brinkhaus, H.: Die altindischen Mischkastensysteme. Wiesbaden 1978.

Cancik, Hubert, Gladigow, Burkhard, Laubscher, Matthias (Hg.): Handbuch religionswissenschaftlicher Grundbegriffe. 3 Bde. Stuttgart 1988-1993.

Cavendish, Richard, Ling, Trevor (Hg.): Mythologie der Weltreligion. Eine illustrierte Weltgeschichte des mythisch-religiösen Denkens. Bindlach 1991.

Clarke, Peter B.: Atlas der Weltreligionen. Wien 1993.

Conze, Edward: Buddhistisches Denken. Drei Phasen buddhistischer Philosophie in Indien. Suhrkamp 1990.

Conze, Edward: Eine kurze Geschichte des Buddhismus. Suhrkamp 1986.

Dumont, C. M.: Gesellschaft in Indien. Die Soziologie des Kastenwesens. Wien 1976.

Dumoulin, Heinrich: Der Erleuchtungsweg des Zen im Buddhismus. Frankfurt 1976.

Durkheim, Emile: Die elementaren Formen des religiösen Lebens. Suhrkamp 1984.

Eliade, M.: Yoga. Zürich 1960.

Feuerabendt, S.: Die Macht des Yoga. Deggendorf 1980.

Franz, H. G.: Buddhistische Kunst. Leipzig 1965.

Fromm, Erich u. a. (Hg.): Zen-Buddhismus und Psychoanalyse. Frankfurt 1972.

Glasenapp, H. v.: Die Literaturen Indiens. Stuttgart 1961.

Gold, Gerald: Gandhi: eine bebilderte Biographie. Bergisch-Gladbach 1983.

Gonda, J.: Die Religionen Indiens. Bd. 1–2. Stuttgart 1963–1979.

Gonda, J.: Veda und älterer Hinduismus. Stuttgart 1979.

Härtel, H., Auboyer, J.: Indien und Südostasien. In: Propyläen Kunstgeschichte. Bd. 16. 1971.

Hiriyanna, M.: Vom Wesen der indischen Philosophie. Diederichs 1990.

Keilhauer, Anneliese, Keilhauer, Peter: Die Bildsprache des Hinduismus. Die indische Götterwelt und ihre Symbolik. Köln 1983.

Kirfel, Willibald: Symbolik des Hinduismus und Jainismus. Stuttgart 1959.

Klimheit, Hans-Joachim: Der politische Hinduismus. Indische Denker zwischen Reform und politischem Erwachen. Wiesbaden 1981.

Nikhilananda, Swamin: Der Hinduismus. Seine Bedeutung für die Befreiung des Geistes. Berlin 1960.

Notz, Klaus-Josef: Der Buddhismus in Deutschland in seinen Selbstdarstellungen. Frankfurt, Bern, New York 1984.

Nyabatiloka: Buddhistisches Wörterbuch. Konstanz 1976.

Oldenberg, Hermann, Glasenapp, Helmut v. (Hg.): Buddha. Sein Leben, seine Lehre, seine Gemeinde. Stuttgart 1972.

Pirsig, Robert M.: Zen und die Kunst ein Motorrad zu warten: ein Versuch über Werte. Frankfurt 1978.

Plaeschke, H.: Das Erbe Indiens. Wien 1975.

Ruben, W.: Geschichte der indischen Philosophie. 1954.

Seckel, D.: Kunst des Buddhismus. Baden-Baden 1980.

Schubering, Walther: Die Lehre der Jainas nach den alten Quellen dargestellt. Berlin 1935.

Schubenring, Walther: Der Jainismus. In: Die Religionen Indiens. Bd. 3. Stuttgart 1964.

Schumann, Hans-Wolfgang: Buddhismus. Stifter, Schulen und Systeme. Olten-Freiburg 1988.

Suzuki, Daisetz T.: Die Kraft des inneren Glaubens. Zen-Buddhismus und Christentum. Fischer Taschenbuch, 1990.

Suzuki, Daisetz T.: Leben aus Zen. Eine Einführung in den Zen-Buddhismus. Scherz-Verlag, 1987.

Tiel-Horstmann, Monika (Übers.): Leben aus der Wahrheit. Texte aus der heiligen Schrift der Sikhs. Zürich 1988.

Waldenfels, Hans (Hg.): Lexikon der Religionen. Herder, Freiburg 1987.

Zaehner, R. C.: Der Hinduismus. Seine Geschichte und seine Lehre. Goldmann, 1964.

Zimmer, Heinrich: Indische Mythen und Symbole. Vishnu, Shiva und das Rad der Wiedergeburten. Schlüssel zur Formenwelt des Göttlichen. Diederichs 1993.

Index

Die Seitennummern beziehen sich auf den Haupttext, in einigen Fällen auf Kommentare oder Überschriften auf derselben Seite. Die *kursiven* Seitennummern beziehen sich ausschließlich auf Bildunterschriften und die **fett** gedruckten Seitennummern nur auf die Kommentare.

A

B

G

H

I

J

N

O

P

T

U

Bildnachweise

Der Verleger dankt den Photographen und Organisationen für ihre freundliche Erlaubnis, die folgenden Photographien in diesem Buch abdrucken zu dürfen.

Abkürzungen
u = unten; m = Mitte; o = oben; l = links;
r = rechts
DBP = Duncan Baird Publishers

1 ffotograff/Jill Ranford; **2** Robert Harding Picture Library/David Beatty; **7** David Brittain, aus *Indian Style*;

Das alte Indien
8–9 Impact/Mike McQueen; **10o** Angelo Hornak; **10u** ET Archive; **11** Angelo Hornak; **12** Bridgeman Art Library/Oriental Museum Durham University; **13l** Images/Charles Walker Collection; **13r** Barnaby's Picture Library; **14o** Mary Evans Picture Library; **14u** Ann & Bury Peerless; **15** Bridgeman Art Library/Victoria & Albert Museum, London; **16** Mit Erlaubnis der British Library (Or 4481); **17** Douglas Dickens; **18** Robert Harding Picture Library/K. Gillham; **19** Jean-Loup Charmet; **20l** Bridgeman Art Library/National Museum of India, New Delhi; **21or** ET Archive/National Museum, Karatchi, **21ol** Robert Harding Picture Library/J. H. C. Wilson; **21u** Bruce Coleman/Gerald Cubitt; **22–23** Mit Erlaubnis der British Library (Add 5347); **24–25** Robert Harding Picture Library/ Duncan Maxwell;

Weltentsagung
26–27 Hutchison Library/Sue Dent; **28** Christophe Boisvieux; **29** Explorer/Manuel Garcia; **30o** Ann & Bury Peerless; **30u** Douglas Dickens; **31** The MacQuitty International Photographic Collection; **32** Robert Harding Picture Library/ Adam Woolfitt; **33** Explorer/J. L. Nou; **34** ffotograff/Patricia Aithie; **35o** Michael Holford/ Victoria & Albert Museum, London; **35u** Angelo Hornak/National Museum of India, New Delhi; **36o** Panos/Roderick Johnson; **36u** John Cleare Mountain Camera; **37** ffotograff/Patricia Aithie; **38** Mecky Fogeling **39o** Bridgeman Art Library/ Oriental Museum, Durham University; **39u** Angelo Hornak/National Museum of India, New Delhi; **40l** Christophe Boisvieux; **40r** Robert Harding Picture Library/J. H. C. Wilson; **41** Robert Harding Picture Library/Tony Gervis; **42o** Christophe Boisvieux; **42u** Images of India/Jeroen Snijders; **43o** Christophe Boisvieux; **43u** Angelo Hornak/National Museum of India, New Delhi; **44** Antonio Martinelli und R. Lazzeri; **45** Explorer/ Christophe Boisvieux;

Das Wesen Wischnus
46–47 Ann & Bury Peerless; **48l** Images/Charles Walker Collection; **48r** Angelo Hornak/National Museum of India, New Delhi; **49** Ann & Bury Peerless; **50** Jean-Loup Charmet; **51** Christophe Boisvieux; **52o** Robert Harding Picture Library/ J. H. C. Wilson; **52u** Hutchison Library/Michael Macintyre; **53l** Bridgeman Art Library/National Museum of India, New Delhi; **53r** Ann & Bury Peerless; **54** Robert Harding Picture Library/ J. H. C. Wilson; **55o** The Stapleton Collection; **55u** Hutchison Library/Patricio Goycoolea; **56** Mary Evans Picture Library; **57** Mit Erlaubnis der British Library (add 16628); **58** Werner Forman Archive/Philip Goldman Collection, London; **59o** Copyright British Museum; **59m** ffotograff/ Jill Ranford; **59u** Ann & Bury Peerless; **60** Impact/Mohamed Ansar; **61** Mit Erlaubnis der British Library (Or 13758); **62o** Spectrum Colour Library; **62ur** Explorer/Cajoom; **63ul** Angelo Hornak/National Museum of India, New Delhi; **63m** Ann & Bury Peerless; **63u** Ann & Bury Peerless;

Schiwa und die Göttin
64–65 Copyright British Museum; **66o** Hutchison Library; **66u** Werner Forman Archive/De Young Museum, San Francisco; **67o** Copyright British Museum; **67u** Images of India/Metha; **68** Robert Harding Picture Library; **68–69** Spectrum Colour Library; **69o** Ann & Bury Peerless; **69u** Hutchison Library/Christine Pemberton; **70o** Rex/Angus McDonald; **70u** Christophe Boisvieux; **71o** Rex/ Angus McDonald; **72ol** Sudhir Kasliwal; **72or** The MacQuitty International Photographic Collection; **72u** Impact/Mohamed Ansar; **73l** Hutchison Library/Dave Brinicombe; **73r** Aspect Picture Library/Kim Naylor; **74o** Jain Picture Publishers; **74u** Explorer/J. L. Nou; **75l** Robert Harding Picture Library/Ross Greetham; **75r** Ebenezer Pictures/James Heard; **76** Copyright British Museum; **77o** Dick Scott Stewart; **77u** Copyright British Museum; **78** Copyright British Museum; **79o** Copyright British Museum; **79u** Impact/Mark Henley; **80o** Bridgeman Art Library/National Museum of India, New Delhi;

81o Explorer/J. L. Nou; **81ur** Angelo Hornak/ National Museum of India, New Delhi; **81ul** Jain Picture Publishers;

Die Kunst des Yoga
82–83 Bridgeman Art Library/Private Collection; **84** Ann & Bury Peerless; **85** Jain Picture Publishers; **86** Aspect Picture Library; **87** Mit Erlaubnis der British Library (Add 26433b); **88** Mit Erlaubnis der British Library (Or 24099); **89o** Images/Charles Walker Collection; **89u** Hutchison Library/Maurice Harvey; **90o** Robert Harding Picture Library/J. H. C. Wilson; **90u** Topham Picture Source; **91o** Douglas Dickens; **91u** Ann & Bury Peerless; **93** Images/Charles Walker Collection; **94** Jean-Loup Charmet; **95** Images/Charles Walker Collection; **96** ET Archive/Victoria & Albert Museum, London; **97l** Antonio Martinelli; **97r** Bridgeman Art Library/Private Collection; **98** Robert Harding Picture Library/N. A. Callow; **99** Robert Estall Photographs/Dale Heaton; **100** Ajit Mookerjee (jetzt im National Museum of India, New Delhi); **101** Agency Top/Edouard Boubat;

Ritual und Kunst
102–103 Rex Features; **104** Robert Harding Picture Library/J. H. C. Wilson; **105o** Dick Waghorne; **105u** Hutchison Library/Patricio Goycoolea; **106** Robert Harding Picture Library/ J. H. C. Wilson; **106–107** Rex Features; **107** Rex Features/Sipa; **108** Copyright British Museum; **108–109** Ann & Bury Peerless; **109** Hutchison Library/Christine Pemberton; **110** Images/Charles Walker Collection; **111l** Images/Charles Walker Collection; **111r** John Cleare Mountain Camera; **112** Copyright British Museum; **112–113** Agency Top/François le d'Ascorn; **113o** Christophe Boisvieux; **113u** Spectrum Colour Library; **114** Bridgeman Art Library/Victoria & Albert Museum, London; **114–115** Bridgeman Art Library/Private Collection; **116o** Robert Harding Picture Library/J. H. C. Wilson; **116m** Explorer/Chawda/Photo Researchers; **116u** Christophe Boisvieux; **117o** Spectrum Colour Library; **117u** Zefa; **118o** Hutchison Library; **118u** Werner Forman Archive; **119l** Topham Picture Source; **119r** Impact/Ben Edwards; **120o** Explorer/Musée de Patra/J. L. Nou; **120u** Douglas Dickens; **121l** Images of India/Jeroen Snijders; **121r** Images of India/Jeroen Snijders;

Zeit und Universum
122–123 Tony Stone Images/David Sutherland; **124–125** Hutchison Library/Patricio Goycoolea; **126l** Hutchison Library/Peter Montagnon; **126r** Hutchison Library/Patricio Goycoolea; **127l** Ann & Bury Peerless; **127r** Hutchison Library/John Hatt; **128** Ann & Bury Peerless; **129** Hutchison Library/Christine Pemberton; **130–131** Douglas Dickens; **131u** Ann & Bury Peerless; **132** Christophe Boisvieux; **133o** George Michell; **134o** Jules Selmes/DBP; **134u** Robert Harding Picture Library/Nigel Cameron; **135** Copyright British Museum; **137** Antonio Martinelli und R. Lazzeri; **138** ET Archive/British Library; **139o** Images/Charles Walker Collection; **139u** Robert Estall; **140** Ann & Bury Peerless; **141l** Sudhir Kasliwal; **141r** Ann & Bury Peerless; **142–143** Images/Charles Walker Collection; **143** Michael Holford; **145** Robert Harding Picture Library/Sybil Sassoon;

Gurus
146–147 Hutchison Library/Juliet Highet; **148** Ann & Bury Peerless; **149** Spectrum Colour Library; **150** Popperfoto; **151o** Barnaby's Picture Library; **151u** Robert Harding Picture Library/ Maurice Joseph; **152** Range/Bettman/UPI; **152o** Range/Bettman/UPI; **153u** The Hulton Deutsch Collection; **154** Christophe Boisvieux; **155** Dick Waghorne; **156o** Magnum/René Burri; **156u** Frank Spooner Pictures/Naythons/Liaison; **157** Rex Features/Brendon Beirne; **158–159** Hutchison Library/Liba Taylor;

Pilgerrouten
160 Christophe Boisvieux; **163l** John Cleare Mountain Camera; **163r** Robert Harding Picture Library/Adam Woolfitt; **165** Spectrum Colour Library; **166** Rex Features;

Meditation
169 Copyright British Museum.

In Auftrag gegebene Illustrationen
14r Line + Line; **20o** Sunita Singh; **43** Sunita Singh; **106u** Sunita Singh; **107u** Sunita Singh; **110** Sunita Singh; **120o** Sunita Singh; **121u** Sunita Singh; **149r** Line + Line; **163u** Line + Line; **164** Line + Line; **167** Line + Line; **170** Ed Stuart; **171** Ed Stuart.

Es wurde jede Anstrengung unternommen, die Besitzer des Copyrights ausfindig zu machen. Sollten einige von ihnen fehlen, wären wir froh, diese in einer zukünftigen Ausgabe aufzunehmen.